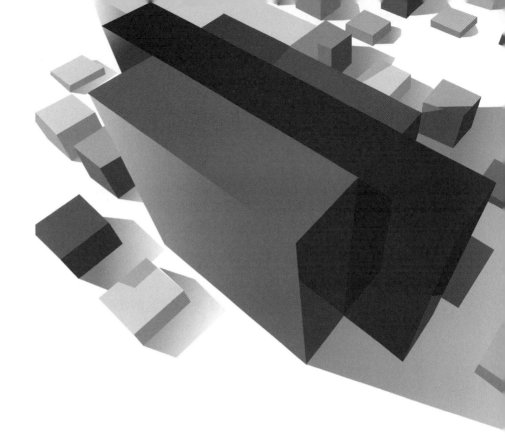

汽车构造核心课程
汽车电气设备构造

主　编　福建省职业院校汽车专业教研团队

华中科技大学出版社
http://www.hustp.com
中国·武汉

图书在版编目(CIP)数据

汽车构造核心课程.汽车电气设备构造/福建省职业院校汽车专业教研团队主编.—武汉:华中科技大学出版社,2021.12(2024.1重印)
ISBN 978-7-5680-7816-0

Ⅰ.①汽… Ⅱ.①福… Ⅲ.①汽车-构造-高等职业教育-教材 ②汽车-电气设备-构造-高等职业教育-教材 Ⅳ.①U463

中国版本图书馆CIP数据核字(2021)第267242号

汽车构造核心课程——汽车电气设备构造 福建省职业院校汽车专业教研团队 主编
Qiche Gouzao Hexin Kecheng——Qiche Dianqi Shebei Gouzao

策划编辑:王红梅	
责任编辑:刘艳花 李 露	
封面设计:原色设计	
责任校对:李 琴	
责任监印:周治超	
出版发行:华中科技大学出版社(中国·武汉)	电话:(027)81321913
武汉市东湖新技术开发区华工科技园	邮编:430223
录　　排:华中科技大学惠友文印中心	
印　　刷:武汉市籍缘印刷厂	
开　　本:787mm×1092mm　1/16	
印　　张:8	
字　　数:193千字	
版　　次:2024年1月第1版第2次印刷	
定　　价:28.80元	

本书若有印装质量问题,请向出版社营销中心调换
全国免费服务热线:400-6679-118　竭诚为您服务
版权所有　侵权必究

前　言

一、关于 2019 版大纲

福建省 2018 年 6 月进行中等职业学校学业水平考试试点，2019 年 6 月正式进行中等职业学校学业水平考试，考前公布了"汽车构造"课程考试大纲，其包括三部分内容：机械基础、汽车发动机构造和汽车底盘构造。其中，机械基础部分有 8 个知识点，汽车发动机构造部分有 18 个知识点，汽车底盘构造部分有 19 个知识点。

根据教学标准中的"汽车构造"专业核心课程，内容包括"汽车发动机构造"、"汽车底盘构造"、"汽车电气构造"、"汽车电控系统"等，学业水平考试的考核内容围绕汽车构造方面的专业知识点及技能进行。但在 2019 年的"汽车构造"课程考试大纲中，缺少有关"汽车电气设备构造"、"汽车电控系统"方面的内容，而多了一门非汽车构造类的、非专业核心的、内容与考试名称不符的专业基础课程——"机械基础"。

"机械基础"涉及的知识点中，凸轮机构的组成、特点、分类及应用，在"汽车发动机构造"课程的配气机构系统气门驱动中已部分涉及；带传动和链传动的类型、组成及应用特点，在"汽车发动机构造"课程的配气机构系统、配气正时机构中已涵盖；齿轮传动的类型、组成、结构及应用特点，齿轮传动比的计算，在"汽车底盘构造"中的变速器中已具体涵盖；蜗杆传动的特点及应用，在"汽车底盘构造"中的转向系统中亦有表述；轮系的类型与应用、定轴轮系的传动比计算等内容在"汽车底盘构造"中的传动系统、悬挂系统中均有涉及；而键连接的类型和应用特点等知识在"汽车发动机构造"和"汽车底盘构造"中无处不在。

"机械基础"既不是专业核心课程，又与考核名称违背，其内容在"汽车构造"专业核心课程中已涵盖或涉及，因此大纲中的"机械基础"内容应该删除。

二、关于 2020 版大纲

2020 年修订的"汽车构造"课程考试大纲删除了与"机械基础"有关的内容，增加了与"汽车电气设备构造"有关的内容。2020 年修订的大纲中，与"汽车发动机构造"相关的知识点有 19 个，与"汽车底盘构造"相关的知识点有 20 个，与"汽车电气设备构造"相关的知识点有 11 个，共有 50 个知识点。

"汽车电气设备构造"是汽车专业的核心课程，涉及专业核心电学部分的内容，考核这部分内容也是为了适应汽车专业机电一体化实际应用的需要。除了汽车电气设备中的电源系统和起动系统部分外，该课程还增加了"掌握万用表的使用"这一电学基础内容，增加了"电控独立点火系的组成和工作原理"、"了解暖风、空调系统各部件的组成、结构和作用"这两部分核心内容。

"汽车发动机构造"和"汽车底盘构造"中增加了部分系统或总成的"工作原理"内容。"汽车发动机构造"增加了"掌握电控歧管喷射汽油发动机燃油系统的功用、组成和工作原理"、"理解电控汽油发动机燃油系统主要零部件的作用"、"理解进排气系统的组成、主要零部件的功用"这三部分核心内容。在"汽车底盘构造"部分增加了"理解普通手动齿轮变速器的变速传动原理及传动比的计算"和"理解主减速器和差速器的组成、构造、功用及其工作原理"两部分核心内容。将原来的"动力转向操纵机构的作用和组成"和"制动系的功用、组成和分类"明确为"液压动力转向操纵机构的作用和组成"和"液压制动系的功用、组成和分类"。

相对于旧的考试内容,新大纲紧扣、突出了专业核心内容,更准确地反映了汽车专业的核心知识点,更能衡量考生实际掌握专业知识的水平。

三、关于新大纲中的内容

课程考试大纲中制定的内容主要用于考查学生对专业知识的认知程度,用于考核学生的专业能力,这些内容是专业核心的知识点,是多门专业课程的全部或部分核心内容,而不只是对应具体的哪一门课程名称,更不只是对应哪个版本的哪本教材。

2020年修订的考试大纲涉及了考试所要考核的知识点,也指明了考试题型。"汽车构造"课程从专业知识角度而言,具有组成、作用复杂,类型众多,工作原理、工作过程繁复等特点。

比如,"汽车发动机构造"中的第11个知识点"掌握配气机构各主要零部件的功用及结构",指明的是配气机构各主要零部件的功用及结构,相关知识点有:凸轮轴分为下置式凸轮轴、中置式凸轮轴、顶置式凸轮轴,而顶置式凸轮轴又分为单顶置凸轮轴和双顶置凸轮轴;发动机按每缸气门数量,分为每缸两气门发动机和每缸多气门发动机;气门顶部按形状分为球面顶、平顶、凹顶、喇叭顶;气门尾端锁片式结构或锁销式结构;凸轮轴的驱动方式有齿轮传动、齿形皮带传动、链条传动;挺柱分为机械挺柱和液力挺柱。不同类型的发动机配气机构的结构、组成不同,其主要零部件的功用及结构也不尽相同。而所有这些结构、类型都在考核范围内。

又比如,"汽车发动机构造"中的第19个知识点"理解进排气系统的组成、主要零部件的功用"。这里提到的进排气系统,在实际运用中的类型较多。例如,进气系统分为增压发动机和自然吸气发动机两种,其中,增压发动机有涡轮增压发动机、进气谐振增压发动机等,涡轮增压发动机又有废气增压发动机、机械增压发动机、双涡轮增压发动机、多涡轮增压发动机、气波增压发动机等。这些不同类型的进气系统的结构不尽相同,其组成零部件迥异。而这些内容又是可以考核的,没有超出考试范围。然而,这些内容在以往传统的汽车专业教材中极少出现。如果要一一阐述每一类型进气系统的组成和每一零部件的功用,估计需要很大篇幅。所以,不可能详尽阐述,因此,需要精选主要的、共有的零部件进行无遗漏地阐述。

再比如,"汽车底盘构造"中的第14个知识点"理解轮胎的功用、类型、规格及标识",这一知识点在新、旧大纲中都做了要求。其中提到的"轮胎标识"在实际生活中运用广泛,轮胎上的标识很多,有各种颜色的点状标识,有文字、数字、英文标识,有图形标识,有形状标识。严格来讲,可以将这些标识的内容转化为试题,这并没有超出大纲的要求。这一内容在2019年、2020年的试卷中都有考核。而这些内容在以往传统的汽车专业教材中从来没有出现过。

还比如,"汽车电气设备构造"中的第9个知识点"理解电控独立点火系的组成和工作原理",汽车点火系统的类型很多,但这一考点只要求掌握电控独立点火系的组成和工作原理,而电控独立点火系是目前汽油发动机中普遍使用的装置,是汽车专业课程中的核心知识点。在学科体系的教材中,把这一部分内容归结在"发动机电控系统"部分,但在行业企业培训课程中,其可以归类于汽车电气部分。在原来的教材中,有的有这一内容,而有的没有,这就需要进行整合。

还比如,"汽车电气设备构造"中的第 11 个知识点"了解暖风、空调系统各部件的组成、结构和作用",在汽车专业岗位能力及行业企业对职业能力的要求中,同样归类于汽车电气部分,其是汽车机电维修工的工作范畴,是现代汽车机电维修工机电一体化的能力要求。汽车暖风、空调系统类型繁多、结构复杂,在学科体系的教材中,把这一部分内容的简版归结在"汽车电气设备构造"部分,或将详述内容另外成籍为《汽车空调设备》,归于汽车专业专门化课程的教授内容。因此,对于这一知识点,考什么？考多少？怎么考？都是比较令人困惑的问题。

四、关于本书

基于上述面临的困惑、迷茫、尴尬的局面,光有大纲是不够的,不利于很好地把握考试的具体内容。因此,必须将大纲中每一个知识点从众多课程或教材中遴选出来,细化为详尽的、具体的、紧扣大纲的内容。

为了更好地契合考核内容的要求,在细致研读新版大纲的基础上,本团队编写出三大部分,包括汽车发动机构造、汽车底盘构造、汽车电气设备构造。

在具体阐述每个知识点前,给出了考试"提示"和"考核要点"。

在编写过程中,为了保持内容的相对完整,也为了保持同一知识不同要求之间的过渡,适度拓展了一些内容。

五、关于配套部分

1. 演示 PPT

为了更好地展示考试范围,本书配套了演示 PPT(扫码免费下载)。

2. 讲解视频

就"汽车发动机构造"的 19 个知识点,"汽车底盘构造"的 20 个知识点,"汽车电气设备构造"的 11 个知识点,共 50 个知识点,一一对应配套了 50 个讲解视频(扫码观看)。

3. 在线练习题

对大纲中的 50 个知识点中的每个小知识点,根据考试大纲中的考试题型要求,编制出练习题(扫码在线练习)。在编制过程中,尽可能将一个内容以多种题型的形式呈现出来,如将一个内容编制成判断题后,再编制成单项选择题,还(或)编制成综合题。根据"汽车发动机构造"中的 19 个知识点编制出 1800 多题,根据"汽车底盘构造"中的 20 个知识点编制出 1400 多题,根据"汽车电气设备构造"中的 11 个知识点编制出 500 多题。其中包括之前多年的福建省高职单招与高职入学考试试卷中的试题、与 2020 年修订的考试大纲中要求一致的试题、近年的学业水平考试试题。

编 者

2021 年 10 月

目 录

1 万用表的使用 …………………………………………………………………… (1)
    一、指针式万用表 ………………………………………………………… (2)
    二、数字式万用表 ………………………………………………………… (5)
    三、钳形电流表 …………………………………………………………… (9)

2 汽车电气设备的组成、特点 ………………………………………………… (11)
    一、汽车电气设备的组成 ………………………………………………… (11)
    二、汽车电气设备的特点 ………………………………………………… (14)

3 电源系统的作用、组成 ……………………………………………………… (18)
    一、电源系统的组成 ……………………………………………………… (18)
    二、电源系统的作用 ……………………………………………………… (18)

4 起动型蓄电池的作用、分类、型号和参数、基本结构 …………………… (23)
    一、起动型蓄电池的作用 ………………………………………………… (23)
    二、起动型蓄电池的分类 ………………………………………………… (24)
    三、起动型蓄电池的型号和参数 ………………………………………… (25)
    四、起动型蓄电池的基本结构 …………………………………………… (27)

5 蓄电池基本工作特性 ………………………………………………………… (34)
    一、静止电动势 …………………………………………………………… (34)
    二、内电阻 ………………………………………………………………… (35)
    三、充电特性 ……………………………………………………………… (36)
    四、放电特性 ……………………………………………………………… (37)

6 蓄电池的使用和维护 ………………………………………………………… (39)
    一、蓄电池的储存方法 …………………………………………………… (39)
    二、新蓄电池的启用方法 ………………………………………………… (40)
    三、蓄电池的拆装步骤 …………………………………………………… (40)
    四、蓄电池的维护方法和步骤 …………………………………………… (40)

7 常见交流硅整流发电机的组成及作用 ……………………………………… (43)
    一、交流硅整流发电机的作用 …………………………………………… (43)
    二、交流硅整流发电机的组成 …………………………………………… (43)
    三、电压调节器 …………………………………………………………… (52)

8 起动机的组成、结构及工作原理 …………………………………………… (55)
    一、起动机的组成 ………………………………………………………… (55)
    二、起动机的结构及工作原理 …………………………………………… (56)

9 电控独立点火系的组成和工作原理 ………………………………………… (64)

	一、电控独立点火系的组成	(64)
	二、电控独立点火系的工作原理	(68)
10	照明、喇叭系统的功用和要求	(70)
	一、汽车照明系统的组成	(70)
	二、汽车照明系统的功用和要求	(71)
	三、汽车信号灯的功用和要求	(77)
	四、汽车组合开关的作用	(81)
	五、喇叭系统的功用和要求	(82)
11	暖风-空调系统各部件的组成、结构和作用	(84)
	一、暖风-空调系统的基本组成及作用	(85)
	二、取暖系统	(86)
	三、制冷系统	(89)
	四、通风系统和空气净化系统	(107)
	五、空调控制系统	(112)

1

万用表的使用

 提示

本考点是万用表的使用,维修中用到的万用表有指针式万用表、数字式万用表、钳形电流表三种,应掌握这三种万用表的使用方法及注意事项。

 考核要点

(1) 万用表中各符号的含义。
(2) 指针式万用表的组成、测量使用及注意事项。
(3) 数字式万用表的组成、测量使用及注意事项。
(4) 钳形万用表的组成、测量使用及注意事项。
上述内容可转变的考核题型有单项选择题、判断题、综合题中的综述题、填图题。

 知识点

万用表又叫复用表、多用表、三用表、繁用表等,是一种多功能、多量程的测量仪表,万用表能测量电流、交直流电压、电阻,有的还可以测量三极管的放大倍数、频率、电容值、逻辑电位、分贝值等。万用表按显示方式分为指针式万用表和数字式万用表,如图1-1、图1-2所示。

在学习万用表的使用之前,先来认识一些符号所代表的意思:
Ω——电阻;
V ═══——直流电压(DCV);
Ṽ——交流电压(ACV);
A ═══——直流电流(DCA);
Ã——交流电流(ACA);
℃——温度;

图 1-1 指针式万用表

图 1-2 数字式万用表

⟶⊳⊢·⑴⟵——二极管及通断测试(蜂鸣挡);

F ⊢⊢——电容;

hFE——晶体三极管测试;

Hz——频率。

一、指针式万用表

指针式万用表的组成如图 1-3 所示,其由指针式表头、机械调零旋钮、电位器调零旋钮、量程转换开关、测试表笔和表笔插孔组成。

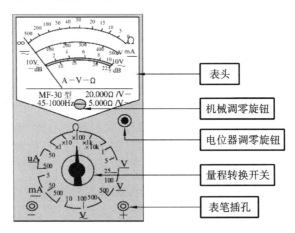

图 1-3 指针式万用表的组成

指针式万用表的基本原理是利用一只灵敏的磁电式直流电流表(微安表)作为表头,当有微小电流通过表头时,就会有电流指示。但表头不能通过大电流,所以必须在表头上并联与串联一些电阻进行分流或降压,从而测出电路中的电流、电压和电阻。

指针式万用表的表盘如图 1-4 所示。通过转换开关的旋钮来改变测量项目和测量量程。机械调零旋钮用来保持指针在静止处在左零位。"Ω"调零旋钮用来在测量电阻时使指针对准右零位,以保证测量数值准确。

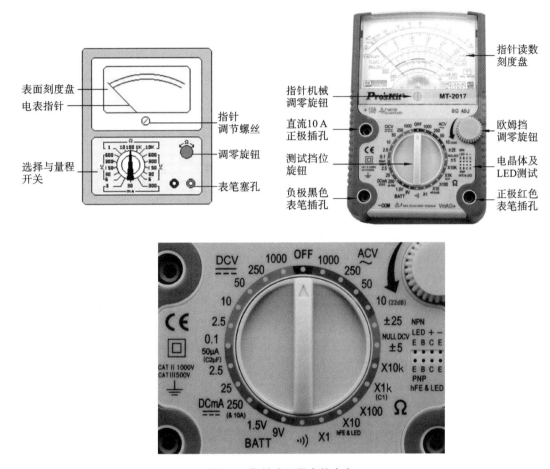

图 1-4 指针式万用表的表盘

1. 使用方法

1) 测量电阻

先将表笔搭在一起短路,使指针向右偏转,随即调整"Ω"调零旋钮,使指针恰好指到 0。然后将两根表笔分别接触被测电阻(或电路)两端,如图 1-5 所示,读出指针在欧姆刻度线(第一条线)上的读数,再乘以该挡标的数字,就是所测电阻的阻值。例如用 R×100 挡测量电阻,指针指在 80,则所测得的电阻值为 80×100 Ω=8 kΩ。由于"Ω"刻度线左部读数较密,难以看准,所以测量时应选择合适的欧姆挡,使指针在刻度线的中部或右部,这样读数才会比较清楚准确。每次换挡,都应重新将两根表笔短接,重新调整指针到零位,才能测准。

2) 测量直流电压

如图 1-6 所示,首先估计一下被测电压的大小,然后将转换开关拨至适当的 V 量程,将正表笔接被测电压"＋"端,负表笔接被测量电压"－"端。然后根据该挡量程数字与标直流符

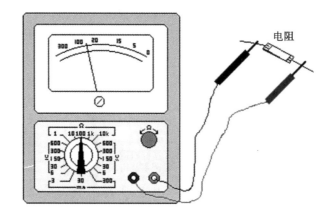

图 1-5　指针式万用表测量电阻

号"DC"刻度线(第二条线)上的指针所指数字,来读出被测电压。如用 V300 伏挡测量,可以直接读 0~300 的指示数值。如用 V30 伏挡测量,只需将刻度线上 300 这个数字去掉一个"0",看成是 30,再依次把 200、100 等数字看成是 20、10,即可直接读出指针指示数值。例如用 V6 伏挡测量直流电压,指针指在 15,则所测得的电压为 0.3 V。

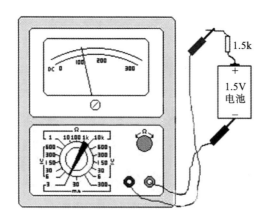

图 1-6　指针式万用表测量直流电压

3) 测量直流电流

如图 1-7 所示,先估计一下被测电流的大小,然后将转换开关拨至合适的 mA 量程,再把万用表串接在电路中。同时观察标有直流符号"DC"的刻度线,如电流量程选在 3 mA 挡,这时,应把表面刻度线上的数字 300,去掉两个"0",看成是 3,再依次把 200、100 看成是 2、1,这样就可以读出被测电流数值。例如用直流 3 mA 挡测量直流电流,指针指在数字 100 处,则电流为 1 mA。

4) 测量交流电压

测量交流电压的方法与测量直流电压的方法相似,所不同的是,因交流电没有正、负之分,所以测量交流电压时,表笔也就不需分正、负。读数方法与上述测量直流电压时的一样,只是数字应看标有交流符号"AC"的刻度线上的指针位置。

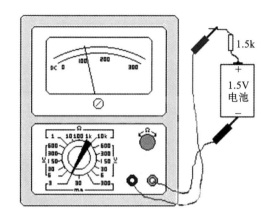

图 1-7 指针式万用表测量直流电流

2. 使用注意事项

指针式万用表是比较精密的仪器,如果使用不当,不仅会造成测量不准确,而且会使仪器极易损坏。使用指针式万用表时应注意如下事项。

(1) 测量电流与电压不能旋错挡位。如果误用电阻挡或电流挡测电压,则极易烧坏电表。万用表不用时,最好将挡位旋至交流电压最高挡,避免因使用不当而造成损坏。

(2) 测量直流电压和直流电流时,注意"+"、"-"极性,不要接错。如发现指针反转,则应立即调换表笔,以免损坏指针及表头。

(3) 如果不知道被测电压或电流的大小,应先用最高挡,而后再选用合适的挡位来测试,以免表针偏转过度而损坏表头。所选用的挡位越靠近被测值,测量的数值就越准确。

(4) 测量电阻时,不要用手触及元件裸体的两端(或两支表笔的金属部分),以免人体电阻与被测电阻并联,使测量结果不准确。

(5) 测量电阻时,两支表笔短接,调"零欧姆"旋钮至最大,指针仍然达不到 0 点的现象通常是由表内电池电压不足造成的,换上新电池方能准确测量。

(6) 万用表不用时,不要旋在电阻挡,因为内有电池,如不小心易使两根表笔相碰短路,不仅会耗费电池,严重时甚至会损坏表头。

二、数字式万用表

如图 1-8(a)所示,数字式万用表由液晶显示屏、读数锁定按钮、电源开关、功能量程开关、三极管测试座、10 A 电流输入插孔、mA 电流输入插孔、公共输入端、电压/电阻输入插孔组成。

如图 1-8(b)所示,LCD 液晶显示屏用于显示测得的数值;功能量程开关分为直流电流挡 $\overline{\text{A}}$、交流电流挡 $\widetilde{\text{A}}$、直流电压挡 $\overline{\text{V}}$、交流电压挡 $\widetilde{\text{V}}$、电阻挡 Ω、二极管挡、蜂鸣挡、电容挡、三极管测量挡等,要测量哪种类型的参数就将量程开关带有凹槽的那端拧到该类型的挡位,然后估算要测量的参数的大小,选择该类型参数下的具体挡位。

红黑表笔的塑料端应插在数字式万用表上,金属端用来和要测量的线路相接触;对于直流电,红表笔的金属端接正极端,黑表笔的金属端接负极;对于交流电,红表笔的金属端接火线/相线端,黑表笔的金属端接零线端。

图 1-8 中,公共输入端(COM)为黑表笔塑料端所插的孔,电流输入插孔(10 A、mA)、电压/电阻输入插孔(VΩ 孔)为红表笔塑料端所插的孔。测量电压、电阻、电容、二极管这几个数据时,将红表笔插入电压/电阻输入插孔,将黑表笔插入公共输入端孔。测量 mA 电流时将红表笔插入 mA 电流输入插孔,依然将黑表笔插入公共输入端孔。测量小于 10 A 的电流时,将红表笔插入 10 A 电流输入插孔。

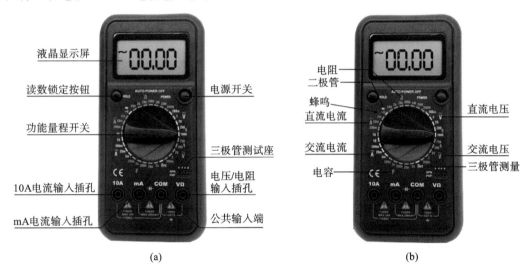

图 1-8 数字式万用表

1. 使用方法

(1) 使用前,应认真阅读有关的使用说明书,熟悉电源开关、量程开关、插孔、特殊插口的作用。

(2) 将电源开关置于 ON 位置。

(3) 交直流电压的测量。如图 1-9 所示,根据需要将量程开关拨至 DCV(直流)或 ACV(交流)的合适量程,红表笔插入 V/Ω 孔,黑表笔插入 COM 孔,并将表笔与被测线路并联,读数即显示。

(4) 交直流电流的测量。将量程开关拨至 DCA(直流)或 ACA(交流)的合适量程,红表笔插入 mA 孔(被测电流小于等于 200 mA 时)或 10 A 孔(被测电流大于 200 mA 时),黑表笔插入 COM 孔,并将万用表串联在被测电路中。测量直流量时,数字式万用表能自动显示极性。4 个挡位如图 1-10 所示。

(5) 电阻的测量。将量程开关拨至 Ω 的合适量程,红表笔插入 VΩ 孔,黑表笔插入 COM 孔。如果被测电阻值超出所选择量程的最大值,万用表将显示"1",这时应选择更高的量程。测量电阻时,红表笔为正极,黑表笔为负极,这与指针式万用表正好相反。因此,测量晶体管、电解电容器等有极性的元器件时,必须注意表笔的极性。7 个挡位如图 1-11 所示。

(6) 二极管的测量。如图 1-12 所示,将量程开关拨至 ▶| 挡,红表笔插入 VΩ 孔,黑表笔插入 COM 孔,判断二极管管脚的正负极性。测量二极管、电解电容器等有极性的元器件

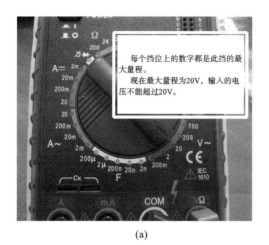 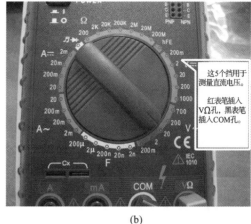

图 1-9 交直流电压的测量

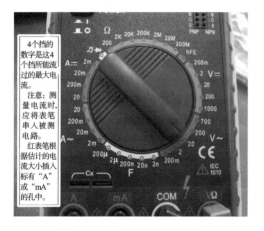 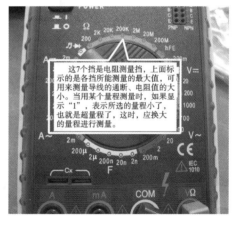

图 1-10 交直流电流的测量　　　　　　图 1-11 电阻的测量

时,必须注意表笔的极性。红表笔接二极管管脚的正极,黑表笔接二极管管脚的负极,屏幕显示的是二极管的正向电压。两表笔换位,红表笔接二极管管脚的负极,黑表笔接二极管管脚的正极,屏幕显示"1",表示该二极管正常,否则该二极管击穿。

若屏幕上显示一个数字,则其是二极管的正向压降,根据二极管的特性,可以判断此时红表笔接的是二极管的正极,而黑表笔接的是二极管的负极。

如果两次测里的结果是:一次显示"1"字样,另一次显示零点几的数字,那么此二极管是一个正常的二极管。如果两次测量显示相同,那么此二极管已经损坏。

(7) 电容的测量。测量电容前,将电容两端短接进行放电,以免损坏万用表。如图 1-13 所示,将量程开关拨至 F 挡,选择合适的挡位。把电容插入图 1-13 中所示的两 Cx 孔中,屏幕上显示的就是该电容的容量。电解电容器有极性,必须注意其极性。如果被测电容值超出所选量程的最大值,万用表将显示"1",这时应选择更高的量程。

(8) 三极管的测量。如图 1-14 所示,红表笔插入 VΩ 孔,黑表笔插入 COM 孔。将量程开关拨至 ⊸▷⊢ 挡,可找出三极管的基极。

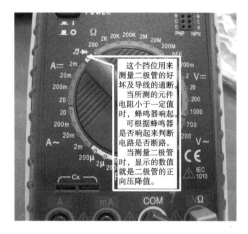
图 1-12 二极管的测量

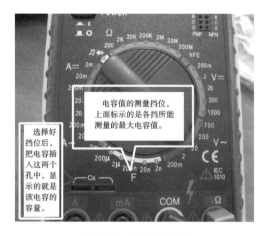
图 1-13 电容的测量

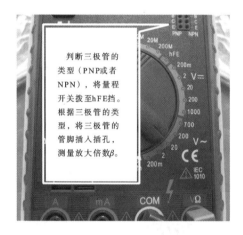
图 1-14 三极管的测量

判断三极管的类型(PNP 或者 NPN)时,将量程开关拨至 hFE 挡。根据三极管的类型,将三极管的管脚插入插孔,测量 β(即三极管的放大倍数,三极管的放大倍数是由三极管所用半导体材料、内部结构确定的,一个三极管被制造出来,其放大倍数已经确定在一个范围内,但不是定值,与温度、电流、频率等有关),读出屏幕中显示的 β 值。

2. 使用注意事项

(1) 如果无法预先估计被测电压或电流的大小,则应先拨至最高量程挡测量一次,再视情况逐渐把量程减小到合适位置。测量完毕,应将量程开关拨到最高电压挡,并关闭电源。

(2) 满量程时,仪表仅在最高位显示数字"1",其他位均消失,这时应选择更高的量程。

(3) 测量电压时,数字式万用表应与被测电路并联,测量电流时应与被测电路串联,测直流量时不必考虑正、负极性。

(4) 当误用交流电压挡去测量直流电压,或者误用直流电压挡去测量交流电压时,显示屏将显示"000",或低位上的数字会跳动。

(5) 禁止在测量高电压(220 V 以上)或大电流(0.5 A 以上)时换量程,以防产生电弧,烧毁开关触点。

（6）当显示"EFF"、"BATT"或"LOW BAT"时，表示电池电压低于工作电压。

（7）测量电阻时，先用低欧姆挡去测，然后用接近的量程测量，先小后大。

（8）手捏住表笔测量时，注意不要碰金属部分。

三、钳形电流表

钳形电流表分为钳形交流电流表和钳形交直流表两大类，其组成如图1-15所示。

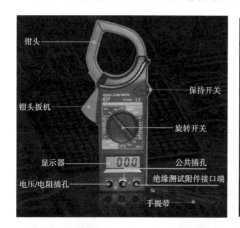

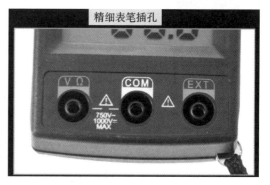
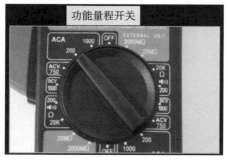

图1-15　钳形电流表

钳形交流电流表实质上是由一只电流互感器和一只整流系仪表组成的，被测量的载流导线相当于电流互感器的原绕组，在铁芯上的是电流互感器的副边绕组，副边绕组与整流系仪表接通。整流系仪表根据电流互感器原、副边绕组间一定的变化比例关系显示出被测量线路的电流值。

现在的数字钳形电流表增加了很多万用表的功能,比如测量电压、温度、电阻等(有时称这类多功能钳形表为钳形万用表,仪表上有两个表笔插孔),可通过旋钮选择不同功能,使用方法与一般数字式万用表相差无几。

1. 使用方法

如图 1-16 所示,测量电流时只需要将正在运行的待测导线夹入钳形电流表的钳形铁芯内,适当调整量程即可进行测量,然后读取数显屏或指示盘上的读数即可。

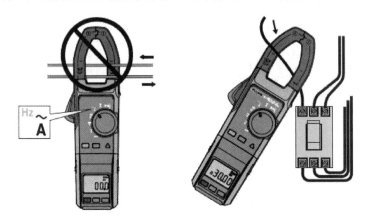

图 1-16 钳形电流表的使用

2. 使用注意事项

(1) 钳口要闭合紧密。

(2) 不要在测量过程中切换量程。

(3) 测高压线路的电流时,要戴绝缘手套,穿绝缘鞋,站在绝缘垫上。

(4) 选择合适的量程挡,不可以用小量程挡测量大电流,如果被测电流较小,可将载流导线多绕几圈放入钳口进行测量,但是此时读数除以绕线圈数才是实际的电流值。测量完毕后要将开关放在最大量程挡位置(或关闭位置),以便下次安全使用。

(5) 注意电路上的电压要低于钳形表额定值,不可用钳形电流表测量高压电路的电流,否则存在触电危险,容易造成事故。

2 汽车电气设备的组成、特点

提示

汽车电气设备组成中的电源系统、用电设备和配电装置及全车电路这3大部分的种类很多;汽车电气设备的特点较多。

考核要点

(1) 汽车电气设备中电源系统的组成,用电设备中起动系统、点火系照明、信号装置、仪表及报警装置、辅助电气设备、汽车电子控制系统、全车电路及配电装置的组成。

(2) 汽车电气设备有采用低压供电、采用直流电源、采用两个电源、装有保险装置、用电设备并联、采用单线制、采用负极搭铁的特点。

上述内容可转变的考核题型有单项选择题、判断题、综合题中的综述题、填图题。

知识点

一、汽车电气设备的组成

现代汽车电气设备的种类很多,总体来说,其可以大致分为3大部分,即电源系统、用电设备和配电装置及全车电路。

1. 电源系统

汽车电源系统的功能主要是发电、储电、供电。如图2-1所示,其包括两个部分:蓄电池、发电机及调节器。当发动机不工作或转速低于发电机发电转速时,由蓄电池供电;当发动机超过某一转速时,发电机发出电能,在向用电设备供电的同时,给蓄电池充电(储电)。调节器的作用是在发电机发电时保持其输出电压的稳定。

图 2-1 电源系统

2．用电设备

用电设备主要由以下几个系统组成。

（1）起动系统。起动系统用来起动发动机，如图 2-2 所示，主要包括起动机及其控制电路。

图 2-2 起动系统部件

（2）点火系统。点火系统用来产生电火花，点燃汽油机气缸中的可燃混合气体，有传统点火系统、电子点火系统和微机控制点火系统之分。

如图 2-3 所示，传统点火系统由蓄电池、点火开关、点火线圈、附加电阻、分电器（包括断电器、配电器、容电器、点火提前调节装置）、火花塞等组成。

如图 2-4 所示，电子点火系统由蓄电池、点火开关、点火线圈、信号发生器、点火控制器、点火器、火花塞、高压导线等组成。

如图 2-5 所示，微机控制点火系统由蓄电池、点火开关、传感器、执行器（包括点火线圈、点火控制器、火花塞等）等组成。

（3）照明、信号装置。如图 2-6 所示，照明系统分为车内照明系统和车外照明系统。车内照明系统用来满足驾乘人员车内照明的需要，车外照明系统用来保障车辆在夜间、雨雾天气中行驶的安全，包括车外和车内的照明灯具。信号装置用于提供安全行车所必需的信号，作用是引起行人、车辆的注意，指示车辆的位置、运行状态等，以提高汽车的安全性，包括音响信号和灯光信号两类。

（4）仪表及报警装置。仪表及报警装置用来监测发动机及汽车的工作情况，使驾驶员能够通过仪表及报警装置及时发现汽车各总成运行的参数和异常情况，确保汽车正常运行。如图 2-7 所示，它主要包括车速里程表、发动机转速表、车速表、水温表、燃油表、电压（电流）

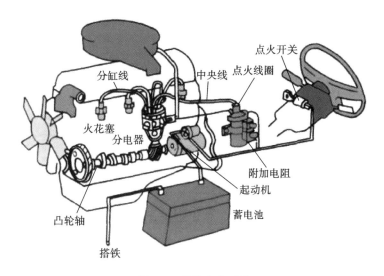

图 2-3 传统点火系统

图 2-4 电子点火系统

表、机油压力表、气压表、报警灯、控制器、蜂鸣器等。

(5) 辅助电气设备。如图 2-8 所示,辅助电气设备包括电动风扇、车窗清洁装置(刮水器、洗涤器、除霜装置)、电动车窗、电动座椅、电动天窗、电动后视镜、车窗开闭调节器、汽车防盗装置、汽车空调、汽车音像系统等。辅助电气设备有日益增多的趋势,主要向舒适、娱乐、保障安全等方面发展。车辆的豪华程度越高,辅助电气设备就越多。

(6) 汽车电子控制系统。汽车电子控制系统主要指利用微机控制的各个系统,包括电控燃油喷射系统(如图 2-9 所示)、电控点火系统、电控自动变速系统、制动防抱死系统、电动转向系统、电控悬架系统、自动巡航系统、安全气囊、空调系统、电控座椅、防盗系统等。电控系统可以使汽车上的各个系统均处于最佳工作状态,达到提高汽车动力性、经济性、安全性、舒适性,降低汽车污染排放的目的。

3. 配电装置及全车电路

配电装置及全车电路包括中央接线盒、保险装置、继电器、电线束及插接件、电路开关等,其使全车电路构成一个统一的整体。

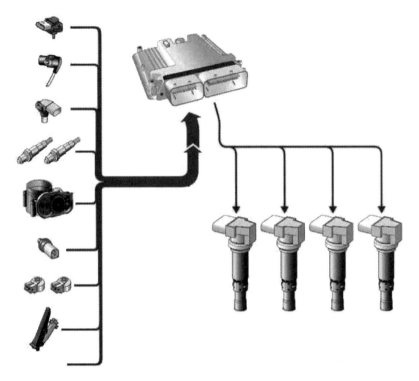

图 2-5 微机控制点火系统

二、汽车电气设备的特点

汽车电路和一般电路一样,各电器间采用串联、并联和混联方式连接,具有通路、断路和短路三种基本工作状态。汽车电路的特点如下。

1. 低压供电

汽车电气系统的额定电压主要有 12 V 和 24 V 两种。汽油车普遍采用 12 V 电源,柴油车多采用 24 V 电源(由两个 12 V 蓄电池串联而成),未来的汽车可能采用 42 V 供电系统。

2. 采用直流电源

这主要是从蓄电池充电角度来考虑的,现代汽车发动机是靠电力起动机起动的,起动机由蓄电池供电,而向蓄电池充电又必须用直流电源,所以汽车电气系统为直流系统。汽车的直流电是由交流发电机产生的交流电经发电机内部的整流器整流、电压调节器的调节后输出的。

3. 采用两个电源

汽车采用两个电源,即蓄电池电源和发电机电源,它们以并联的方式向用电设备供电。蓄电池电源是辅助电源,在发电机未发电或电压较低(低于蓄电池端电压)的情况下,蓄电池向电用设备供电。发电机电源是主电源,当发动机运转到一定转速后,发电机开始向车上的用电设备供电,同时对蓄电池进行充电以补充蓄电池损失的电能。

2　汽车电气设备的组成、特点

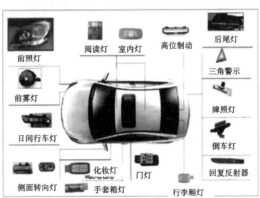

图 2-6　照明、信号装置

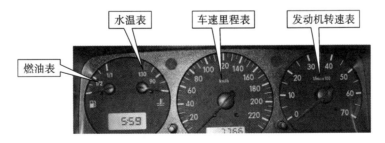

图 2-7　仪表及报警装置

电动后视镜

刮水器

电动车窗的作用　　　　车窗开闭调节器

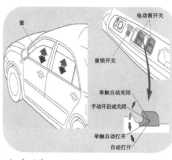 

电动天窗　　　　电动座椅

图 2-8　辅助电气设备

4. 装有保险装置

为了防止电路或元件因搭铁或短路而烧坏线束和用电设备，汽车电路中均安装有保险装置防止产生过流，如保险丝、易熔线等，如果电路出现过流，则在线束和用电设备被损坏前，这些保险装置将断开。

5. 用电设备并联

汽车的各用电设备均并联，每个用电设备都由各自串联在其支路中的专用开关控制，互不干扰。在维修汽车电路时，可以单独方便地拆装某用电设备而不会影响其他用电设备。

6. 采用单线制

单线连接是汽车线路最大的特点。汽车上的用电设备都是并联的，从理论上讲需要一

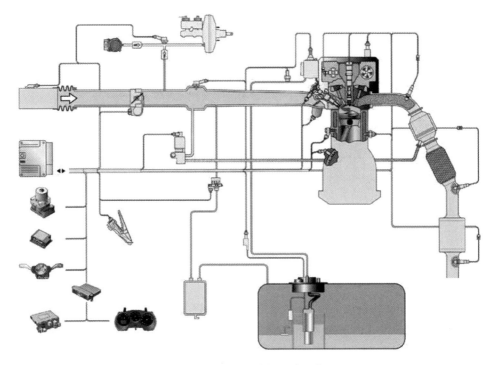

图 2-9　电控燃油喷射系统示意图

根公共的火线和一根公共的零线。而汽车发动机和底盘是由金属制造的,具有良好的导电性能。因此,利用汽车的金属机体作为各种用电设备的公共导线,而用电设备到电源就只需用一根导线连接,所以称为单线制。

采用单线制可以节约导线,使电路简化,便于安装和检修,因此,现代汽车基本上都采用单线制。

7. 采用负极搭铁

采用单线制时蓄电池的一个电极需接至车架或车身上,俗称"搭铁"。蓄电池的负极接车架或车身称为负极搭铁,蓄电池的正极接车架或车身称为正极搭铁。我国规定采用蓄电池负极搭铁。负极搭铁对无线电设备(音响、通信系统)的干扰小,对车架及车身电化学腐蚀小,并且具有连接牢固的优点。目前世界各国生产的汽车大多数采用负极搭铁。

3 电源系统的作用、组成

提示

应掌握电源系统中各组成部分,包括蓄电池、发电机、调节器、充电指示灯、点火开关(带锁芯的点火开关、带智能进入和起动系统的点火开关)等的作用。

考核要点

(1) 电源系统的组成。
(2) 电源系统中蓄电池、发电机、调节器、充电指示灯、点火开关(带锁芯的点火开关、带智能进入和起动系统的点火开关)的作用。

上述内容可转变的考核题型有单项选择题、判断题、综合题中的综述题、填图题。

知识点

一、电源系统的组成

如图 3-1 所示,汽车电源系统包括仪表盘、交流发电机、调节器、蓄电池、充电指示装置、点火开关和导线等。

二、电源系统的作用

如图 3-2 所示,汽车电源系统的作用是向汽车中所有用电设备提供低压直流电,以保证汽车在行驶中和停车时的用电,使汽车各部分能正常工作。蓄电池、发电机与汽车用电设备都是并联的。

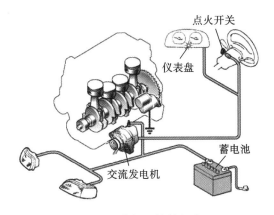

图 3-1 电源系统的组成

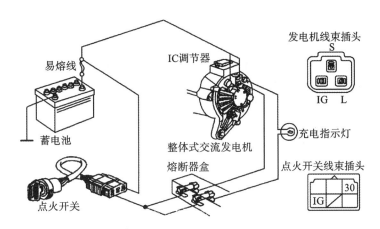

图 3-2 汽车电源系统的作用示意图

1. 蓄电池的作用

发动机起动时,蓄电池为起动系和其他电气设备(包括发电机的激磁绕组)供电;由于各种原因(如停车、发电机转速较低、发电机超载、发电机故障等)造成发电机不工作或输出电压低于蓄电池电压时,蓄电池为电气设备供电;同时蓄电池可吸收电路中产生的过电压,稳定电网电压,保护电子元器件。

2. 发电机的作用

发电机是在发动机的驱动下,将机械能转变为电能的装置。发电机作为汽车的主要电源,主要作用如下:发动机在急速以上转速下运转时,为电气设备供电;给蓄电池充电。

3. 调节器的作用

目前普遍采用的是交流发电机,汽车工作过程中,发动机的转速是变化的,用电设备的工作状态是变化的,这决定了发电机的转速和负载是变化的。为了保证发动机运转过程中汽车电气设备的正常工作,必须安装调节器。

调节器调节激磁电流平均值的大小使发电机端电压平均值在不同的转速和负载情况下基本保持恒定。

4. 充电指示灯的作用

充电指示灯用来指示蓄电池的充放电状况。

5. 点火开关的作用

点火开关是汽车电器系统上的一个开关,负责点火系、起动系、各用电器的通断。

目前汽车的点火开关一般有带锁芯的点火开关和带智能进入和起动系统的点火开关两种。

(1) 带锁芯的点火开关上各挡的作用如图 3-3 所示,点火开关一般设有 LOCK、ACC、ON、START 四个位置。

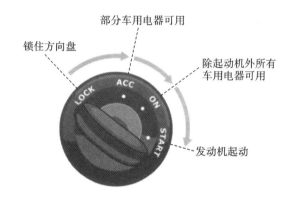

图 3-3 带锁芯的点火开关

LOCK 挡:锁止挡。在熄火拔出钥匙的时候,使用这个挡位,此状态下,除了防盗系统和车内小灯以外,汽车的电路完全关闭,方向盘被锁止。拔出钥匙时方向盘会锁住,不能活动,在没有钥匙的情况下即使能成功点火,汽车也会因为方向盘被锁死而无法开动。设置 LOCK 位置的目的之一是防止车辆被盗。

ACC 挡:辅助功能挡、附件通电挡。把钥匙转至 ACC 挡位时,发动机处于关闭状态,收音机、CD、尾灯、车内灯、空调风机等部分车用电器处于可用状态。但是如果长时间在此状态下开启车用电器,会导致蓄电池出现放电现象,一定要注意。

ON 挡:接通挡。当钥匙拧到这个挡位时,除起动机外所有车用电器均处于可用状态。如在发动机熄火后使用车窗自动升降功能和刮水器。在 ACC 状态下无法使用的车用电器,在钥匙处于 ON 挡时,均可使用。如果长时间处于 ON 挡状态,会导致蓄电池放电。接通到点火开关 ON 挡时,系统会起动发动机做必要的准备工作和自检工作,正常行车时,钥匙也是处于 ON 挡位的。

START 挡:发动机起动挡。插入钥匙后按 LOCK→ACC→ON→START 的顺序转动钥匙,就能让起动机工作,发动机点火。拧到 START 挡时,ON 挡还是接通状态,但 ACC 挡自动关闭。发动机点火成功后停止旋转钥匙,钥匙会自动回到 ON 的位置。

这四个挡中每个挡位都是按顺序递进的,目的是让汽车所有设备逐个进入工作状态,这样能够缓解由于瞬间通电所造成的汽车蓄电池的负担。如果在每个挡位不做停留的话,便会瞬间增加蓄电池工作的负荷,这样的操作方式对发动机和蓄电池都是非常不利的。

(2)带智能进入和起动系统的点火开关又称为一键起动开关。不需要插钥匙,按一下按钮就起动了。发动机处于运行状态时,按一下按钮就熄火了。

一键起动按钮或旋钮必须在感受到智能钥匙的存在时才能起动,这种感应距离一般为50厘米左右。如图3-4所示,一键起动按钮上面一般都标有"ENGINE START STOP"。

图3-4 一键起动点火开关上的标志

一键起动开关上的工作指示灯如图3-5所示。

图3-5 一键起动开关上的工作指示灯

第一次:ACC模式(琥珀色指示灯),点火开关在ACC挡或ON挡。
第二次:ON模式(绿色指示灯),具备起动条件。
第三次:点火关闭(指示灯熄灭)。

如果指示灯是绿色的,不管选择何种模式,按下开关一次,就可以起动发动机。如果开关上的琥珀色指示灯闪烁,说明起动系统或转向锁止功能存在故障,应立即关闭发动机。一般情况下智能钥匙中也有带有锯齿或凹槽的钥匙,它的作用是在一键起动功能发生故障时,可利用机械起动方式进行起动。如图3-6所示,具有一键起动功能的车子一般不用插入钥匙,但都有插入钥匙的位置,在一键起动功能发生故障时,可利用钥匙进行起动。

图 3-6　一键起动开关插入钥匙的状态

4

起动型蓄电池的作用、分类、型号和参数、基本结构

 提示

起动型蓄电池的类型很多,要求掌握多种起动型蓄电池的作用、分类、型号和参数、基本结构。

 考核要点

(1) 起动型蓄电池的作用。
(2) 起动型蓄电池分为普通铅酸蓄电池、干荷蓄电池和免维护蓄电池。
(3) 起动型蓄电池的型号和参数。
(4) 起动型蓄电池的基本结构。
(5) 普通铅酸蓄电池中的极板、隔板、电解液、外壳、接线柱、联条等的作用及基本结构。
(6) 干荷蓄电池的结构。
(7) 免维护蓄电池的结构。
(8) 螺旋状极板胶体型免维护电池的结构。
上述内容可转变的考核题型有单项选择题、判断题、综合题中的综述题、填图题。

 知识点

一、起动型蓄电池的作用

(1) 发动机起动时向起动机和点火系统供电。

（2）发动机低速运转、发电机电压较低或不发电时向用电设备及发电机磁场绕组供电。汽车停车时，向用电设备供电。

（3）发动机中高速运转、发电机正常供电时将发电机的电能转变为化学能储存起来（充电）。

（4）发电机过载时，协助发电机向用电设备供电。

（5）电路发生瞬时过电压时，蓄电池相当于一个大容量电容器，可稳定系统电压，保护电子设备。

二、起动型蓄电池的分类

电能可由多种形式的能量变化而来，其中，把化学能转换成电能的装置称为化学电池，简称电池，其有原电池和蓄电池之分。

放电后不能用充电的方式使内部活性物质再生的电池为原电池，也称一次性电池。

放电后可以用充电的方式使内部活性物质再生，并把电能储存为化学能，需要放电时可再次把化学能转换为电能的电池，称为蓄电池，也称二次电池。

蓄电池按电解质不同，通常分为碱性蓄电池和酸性蓄电池。按照是否需要维护来分，一般蓄电池分为免维护式蓄电池和可维护式蓄电池。

起动型铅酸蓄电池是蓄电池的一种，其主要特点是以稀硫酸作为电解液，以二氧化铅和绒状铅分别作为电池的正极和负极。

起动型蓄电池主要分为普通铅酸蓄电池、干荷蓄电池和免维护蓄电池三种。

普通铅酸蓄电池的极板由铅和铅的氧化物构成，电解液是硫酸的水溶液，如图4-1所示。

图中蓄电池内的电解液液面低于需要加水液面位置时，
则需要加注蒸馏水，保证蓄电池正常工作。

图 4-1　普通铅酸蓄电池

如图4-2所示，干荷蓄电池（即干式荷电铅酸蓄电池）的负极板有较高的储电能力，在完全干燥的状态下，能在两年内保存所得到的电量，使用时，只需加入电解液，等待20～30分钟即可。普通铅酸蓄电池及干荷蓄电池统称为非免维护蓄电池。

如图4-3所示，免维护蓄电池由于自身结构上的优势，电解液的消耗量非常小，在使用寿命内基本不需要补充蒸馏水。其使用寿命一般为普通蓄电池的两倍。免维护蓄电池有两种：一种在购买时一次性加电解液以后在使用中不需要维护（添加补充液）；另一种是电池本身在出厂时就已经加好电解液并封死，用户根本就不能加补充液。

图 4-2　干式荷电铅酸蓄电池

图 4-3　免维护蓄电池

从使用角度来讲，普通铅酸蓄电池与免维护蓄电池没有质的差别，两种蓄电池在外形上最大的区别在于，普通铅酸蓄电池顶部有一组加水口。如图 4-4 所示，免维护蓄电池顶部有一个观察孔，孔内的颜色表示蓄电池的状态。绿色表示正常，黑色表示亏电，白色表示蓄电池已坏。

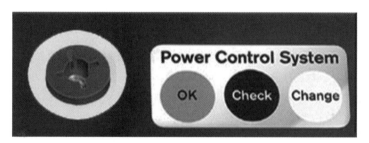

图 4-4　免维护蓄电池顶部的观察孔

三、起动型蓄电池的型号和参数

1. 型号

按机械行业标准 JB 2599《铅蓄电池产品型号编制方法》的规定，铅蓄电池的型号由三部分组成，其内容及排列如图 4-5 所示。

图 4-5　铅蓄电池的型号

（1）串联单格电池数：指该电池总成所包含的单格电池数目，用一位阿拉伯数字表示。

（2）电池类型：根据主要用途划分，用一个汉语拼音字母表示，起动型蓄电池用"Q"表示，代号"Q"是"起"的第一个汉语拼音字母，M 为摩托车用蓄电池、JC 为船舶用蓄电池、HK 为航空用蓄电池、D 为电动车用蓄电池、F 为阀控型蓄电池。

（3）电池特征：电池特征为附加部分，用一个汉语拼音字母表示，仅在同类用途的产品有某种特征，而在型号中又必须加以区别时采用。当产品同时具有两种特征时，应按表4-1所示的顺序将两个代号并列标识，若不标识则表示其为普通蓄电池。

表4-1 常见电池产品特征代号

序号	1	2	3	4	5	6	7
产品	干荷电	湿荷电	免维护	少维护	激活式	密闭式	胶质电解液
代号	A	H	W	S	I	M	J

（4）额定容量：指20 h放电率时的额定容量，用阿拉伯数字表示，单位为A·h，在型号中可省略不写。有时在额定容量后面用一个字母表示特殊性能，如"G"表示高起动率，"S"表示塑料外壳，"D"表示低温起动性好。若在型号后加"HD"则表示高抗震型，若在型号后加"DF"则表示低温反装，如6-QW-165DF。若在型号后加角标"a"则表示对原产品的第一次改进，如果标识是"b"的话，则代表第二次改进（依此类推）。

举例如下。

6-Q-105：表示由6个单格串联，额定电压为12 V，额定容量为105 A·h的起动型蓄电池。

6-QAW-100：表示由6个单格串联，额定电压为12 V，额定容量为100 A·h的起动型干荷电免维护蓄电池。

2. 参数

如图4-6所示，蓄电池的参数代表着电池的性能与规格，蓄电池的参数主要有三个。

第一个是容量，其单位为A·h（安·时），1 A·h代表1安电流1小时的放电量。该数值越高，代表电池的容量越大，其储存电能的能力越强。

第二个是电压，单位为V（伏特），代表蓄电池的工作电压，通常车用蓄电池电压（冷车电压）为12 V。

第三个是电流，单位为A（安），其主要与起动性能有关。有些电池直接标注了特定温度下的冷起动电流值，如430CCA，就是特指该蓄电池在特定温度（通常为－18 ℃）下的冷起动电流约为430 A。

图4-6 蓄电池的参数

四、起动型蓄电池的基本结构

1. 普通铅酸蓄电池

现代汽车用普通铅酸蓄电池由 6 个单格电池串联而成,每个单格电池的电压约为 2 V,串联后蓄电池电压为 12 V。汽油机汽车均选用 12 V 蓄电池;多数柴油机汽车电源电压设计为 24 V,用两个 12 V 蓄电池串联供电。

汽车用普通铅酸蓄电池的结构如图 4-7 所示,其组成主要有极板、隔板、电解液、外壳、接线柱、联条等。

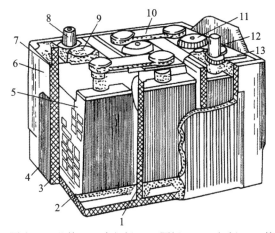

1—隔壁;2—凸筋;3—负极板;4—隔板;5—正极板;6—外壳;
7—防护板;8—负接线柱;9—通气孔;10—联条;11—加液螺塞;
12—正接线柱;13—单格电池盖极板

图 4-7 普通铅酸蓄电池的结构

(1) 极板:极板是铅酸蓄电池的核心部分,它由栅架和活性物质组成,形状如图 4-8 所示。

栅架如图 4-9 所示,其由铅锑合金浇铸而成,加锑的目的是提高机械强度和浇铸性能。但是锑有副作用,其会加速氢的析出从而加速电解液消耗,还易从正极板栅架中解析出来而引起蓄电池自放电和栅架腐蚀,缩短蓄电池的使用寿命。

目前国内外大都采用低锑合金栅架,含锑量为 2%～3.5%。为降低蓄电池的内阻,改善蓄电池的起动性能,铅酸蓄电池采用放射形栅架,其结构如图 4-10 所示。

图 4-8 极板

极板上的工作物质称为活性物质,主要由铅粉、添加剂与一定密度的稀硫酸混合形成。为防止龟裂和脱落,铅膏中还掺有纤维等。极板分为正极板和负极板两种。将涂上铅膏后

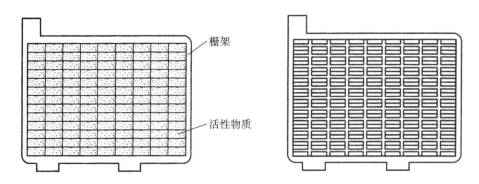

图 4-9　栅架

的生极板先经热风干燥,再放入稀硫酸中进行充电便得正、负极板。正极板上的活性物质为二氧化铅(PbO_2),呈棕色,负极板上的活性物质为海绵状纯铅(Pb),呈深灰色。目前国产极板的厚度为 1.8～2.4 mm,国外大都采用 1.1～1.5 mm 厚的薄型极板(正极板比负极板厚)。采用薄型极板可提高蓄电池的比容量和起动性能。将一片正极板和一片负极板浸入电解液,就可获得约 2.1 V 的电动势。为增大蓄电池容量,可将多片正、负极板分别并联,用横板焊接成正、负极板组,横板上有极柱,各片间留有空隙。安装时各片正、负极板相互嵌合,中间插入隔板后装入蓄电池单格内便形成单格电池。如图 4-11 所示,在每个单格电池中,负极板总比正极板多一片。因为正极板活性物质比较疏松,且正极板处的化学反应剧烈,反应前后活性物质体积变化较大,所以正极板夹在负极板之间,可使其两侧放电均匀,从而减轻正极板的翘曲和活性物质脱落。

图 4-10　放射形栅架结构

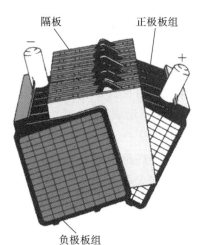

图 4-11　单格蓄电池极板组

(2)隔板:为了减小蓄电池的内阻和尺寸,铅酸蓄电池的正、负极板应尽可能靠近。为了防止相邻正、负极板彼此接触而短路,正、负极板之间要用隔板隔开。隔板应具有多孔性,以便电解液渗透,还应具有良好的耐酸性和抗氧化性。隔板的材料为微孔塑料。微孔塑料隔板孔径小、孔率高、薄而柔、生产效率高、成本低,目前被广泛采用。

安装时,隔板带槽的一面应朝向正极板,且沟槽必须与外壳底部垂直。正极板在充、放电过程中化学反应剧烈,沟槽既能使电解液上下流通,也能使气泡沿槽上升,还能使脱落的活性物质沿槽下沉。有的厂家将微孔塑料袋做成信封式隔板(见图 4-12)套在正极板上,可以防止活性物质脱落。

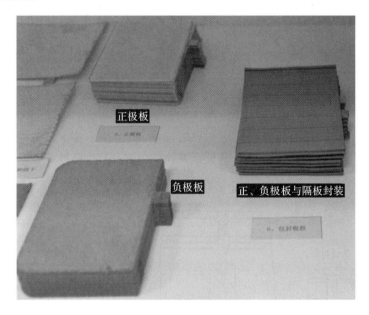

图 4-12 信封式隔板

(3) 电解液:电解液是用纯净硫酸和纯净蒸馏水按一定比例配制而成的溶液,俗称电瓶水。

电解液的密度对蓄电池的性能和寿命影响很大。为了提高蓄电池容量和降低电解液的冰点,希望电解液的密度大一些。但密度过大,会使流动性变差,反而会降低蓄电池的容量,而且还会加速隔板和极板损坏,缩短蓄电池的使用寿命。电解液的密度随地区和气候条件不同而不同。汽车电解液的比重以 25 ℃时的值为标准,一般加比重为 1.28 g/cm^3 左右的稀硫酸。

(4) 外壳:外壳用来装电解液和极板组,使蓄电池构成一个整体。外壳材料有硬橡胶和塑料两种。外壳为整体式结构,壳内由间壁分成三个或六个互不相通的单格,底部制有凸筋用来支撑极板组。凸筋之间的空隙可以积存极板脱落的活性物质,避免正、负极板短路。每个单格的盖中间有加液孔,可以用来检查液面高度和测量电解液的密度,加液孔平时用加液螺塞拧紧。加液螺塞中心有通气孔,平时应保持畅通,使蓄电池电化学反应放出的气体随时逸出。在极板组上部装有防护板,以防测量电解液密度、液面高度或添加电解液时损坏极板上部。单格小盖与外壳之间的缝隙用封口胶密封。封口胶保证在 65 ℃时不溢流,在 -30 ℃时不产生裂纹。塑料外壳采用整体式盖,盖与壳体间采用热封合法封合。

(5) 接线柱:普通铅酸蓄电池首尾两极板组的横板上焊有接线柱,接线柱有圆锥形、L 形和侧孔形三种,形状如图 4-13 所示。为了便于区分,正接线柱上(或旁边)标有"＋"或"P"记号,负接线柱上标有"－"或"N"记号,有些蓄电池正接线柱上涂有红色油漆。

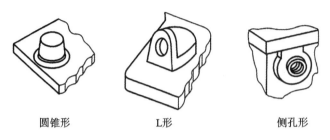

图 4-13　铅蓄电池接线柱外形

(6) 联条:联条的作用是将单格蓄电池串联起来,提高整个蓄电池的端电压。联条一般由铅锑合金铸造而成,硬橡胶外壳蓄电池的联条位于电池上方,塑料外壳蓄电池则采用穿壁式联条,如图 4-14 所示。

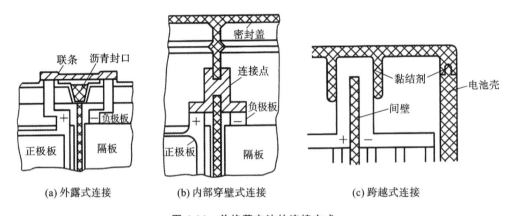

图 4-14　单格蓄电池的连接方式

2. 干荷蓄电池

普通蓄电池负极板的活性物质微粒表面在储运过程中易被氧化,这样新电池灌入电解液就会损耗一部分能量。为把这部分物质还原,需进行比较烦琐的初充电。干荷蓄电池(见图 4-15)负极板的活性物质在铅中配有一定比例的抗氧化剂,如松香、羊毛脂、油酸、有机聚合物和脂肪酸等。经深化处理后,可使活性物质形成较深层的海绵状结构,再经防氧化浸渍处理,极板表面便附着一层较薄的保护膜,这提高了其抗氧化性能,最后再经惰性气体或真空干燥处理。经过这样的处理,负极板上的海绵状纯铅在空气中长期存在也不会氧化,其获得的大量"负电荷"不至于消失,可在干燥状态下长期(一般为 1~2 年)保存电荷。

3. 免维护蓄电池

免维护蓄电池在许多方面与普通铅酸蓄电池不同,其最大特点是,除了几个非常小的通气孔外,其余部分全部密封,除需要保持表面清洁外,不需做其他维护工作。典型免维护蓄电池的结构如图 4-16 所示。

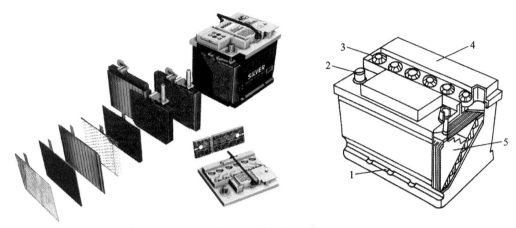

1—下固定槽；2—接线柱；3—加液螺塞；4—壳体；5—极板组

图 4-15　干荷蓄电池

免维护蓄电池栅架除去了锑的成分，这就避免了普通铅蓄电池的许多常发生的故障，如自行放电、过量充电、水分消耗过快和热破坏等。热破坏是指蓄电池工作温度过高时所出现的或者是当充电系统调节失效加之电解液温度升高所造成的栅架腐蚀、活性物质脱落等现象，过量充电是普通铅蓄电池冒气泡的主要原因。免维护铅蓄电池栅架材料使用了铅钙合金，这种结构能使蓄电池在充电末期达到更高的电动势，这就有可能使过充电时的水分自然减少80%以上。免维护蓄电池内部常配有内装式电解液密度计。密度计指示器以不同颜色显示蓄电池的存电情况及液面高度。

免维护蓄电池在设计上采用高强度低阻值薄型(1.1~1.5 mm)栅架、密封外壳、穿壁联条、具有平底结构的大储液室、信封式隔板。这种蓄电池比普通蓄电池的体积要小，质量也轻。免维护蓄电池通气孔采用新型安全通气装置，可避免蓄电池内的酸气与外部的火花直接接触，防止爆炸。通气塞中还装有催化剂钯，可将排出的氢氧离子结合生成水再送回到电池中去。这种通气装置还可以使蓄电池顶部和接线柱保持清洁，减少接线柱的腐蚀，保证接线牢固可靠。

4. 螺旋状极板胶体型免维护电池

螺旋状极板胶体型免维护电池结构如图4-17所示，蓄电池极板及隔板呈螺旋紧密捆绑状，使得同样容积的极板反应面积增大(比普通电池几乎大一倍)、低温起动电流更高。胶体状电解液黏附于极薄的纤维隔板网材料上，在−40 ℃的低温下也不会结冰，在65 ℃的高温下不会漏液、漏气。可以以任何角度固定电池。它可在不使用的状态下至少放置10个月，其放置250天后仍能维持50%以上的容量，自放电极少。其过充电性能好，能在1 h内以100 A的大充电电流应急充足。

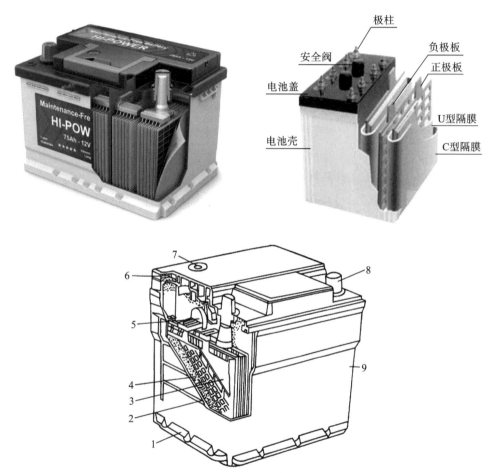

1—下固定槽；2—铅钙栅架；3—信封式隔板；4—活性物质；5—穿壁联条；
6—消焰排气阀；7—内装式密度计；8—冷锻式接线柱；9—外壳

图 4-16 免维护蓄电池

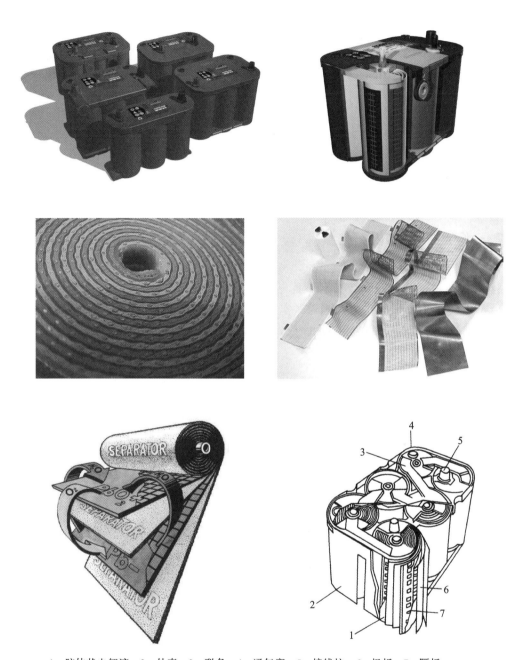

1—胶体状电解液；2—外壳；3—联条；4—通气塞；5—接线柱；6—极板；7—隔板

图 4-17　螺旋状极板胶体型免维护电池

5

蓄电池基本工作特性

 提示

这一考点的内容比较抽象,特别是蓄电池的充、放电特性,其转化出的选择题、判断题、综合题难度系数较大,最好的方法是通过实践操作,对亏电蓄电池进行充电,而后再放电,并进行同步记录,来理解其充、放电特性曲线,从而掌握本考点的内容。

 考核要点

(1) 蓄电池在静止状态下的电动势及其电解液相对密度(或称电解液密度)。

(2) 蓄电池内电阻与输出电流、带负载能力、极板电阻、电解液电阻、隔板电阻、联条和极柱电阻的关系。

(3) 蓄电池充电特性;充电过程中蓄电池电解液密度、端电压变化及现象;蓄电池过充电时的现象;蓄电池充电终了的特征。

(4) 蓄电池的放电特性;放电过程中蓄电池电解液密度、端电压、内阻变化及现象;蓄电池过放电时的现象;蓄电池放电终了的特征。

上述内容可转变的考核题型有单项选择题、判断题、综合题中的综述题、填图题。

 知识点

蓄电池的工作特性包括蓄电池的静止电动势、内电阻、充电特性、放电特性。

一、静止电动势

静止电动势是指蓄电池在静止状态(不充电也不放电)下正、负极板之间的电位差(即开路电压)。它的大小与电解液的相对密度和温度有关,当相对密度在 $1.050 \sim 1.300 \text{ g/cm}^3$ 的

范围内时,由下述经验公式计算其近似值:
$$E_0 = 0.85 + P25\ ℃$$
式中,P25 ℃为 25 ℃时的电解液密度,单位为 g/cm³。

汽车用蓄电池的电解液相对密度在充电时增高,放电时下降,一般在 1.12~1.30 g/cm³ 之间波动。因此,蓄电池的静止电动势也相应地变化在 1.97~2.15 V 之间。

二、内电阻

蓄电池的内电阻大小反映了蓄电池带负载的能力。在相同的条件下,内电阻越小,输出电流越大,带负载能力越强。蓄电池的内电阻为极板电阻、电解液电阻、隔板电阻、联条和极柱电阻的总和,用 R_0 表示。

极板电阻一般很小,并且随极板上的活性物质的变化而变化。充电后电阻变小,放电后电阻变大,特别是在放电终了时,由于有效活性物质转变为硫酸铅,电阻大大增加。

隔板电阻因所用的材料而异。木质隔板比微孔橡胶隔板、塑料隔板的电阻大。另外,隔板越薄,电阻越小。

图 5-1 所示的为电解液电阻随相对密度变化的关系曲线。相对密度为 1.2 g/cm³(15 ℃)时,硫酸的离解度最好,黏度较小,电阻也最小。

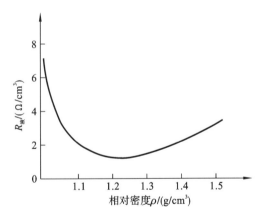

图 5-1 电解液电阻与相对密度的关系

联条电阻与单体电池的连接形式有关。传统外露式铅联条连接电阻比内部穿壁式、跨越式连接的电阻要大。

一般来说,起动型铅蓄电池的内电阻是很小的(单体电池的内电阻约为 0.011 Ω),在小负荷工作时对蓄电池的电力输出影响很小,但在大电流放电时(如起动发动机时),如内阻过大,则会引起端电压大幅度下降而影响起动性能。

全充足电的蓄电池在温度为 20 ℃时的内阻可按下述经验公式计算其近似值:
$$R_0 = U_e / (17.1 \times C_{20})$$
式中,U_e 是蓄电池额定电压,单位为 V;C_{20} 是蓄电池额定容量,单位为 A·h。

三、充电特性

蓄电池的充电特性是指在恒流充电过程中,蓄电池的端电压 U 和电解液相对密度等参数随充电时间变化的规律。

图 5-2 所示的为一只 6-Q-105 型蓄电池以 10.5 A 的充电电流进行充电时的特性曲线。

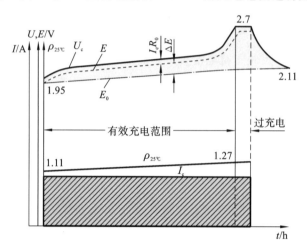

图 5-2 蓄电池的充电特性

充电时电源电压必须克服蓄电池的电动势和蓄电池内阻产生的电压降 $I_c R_0$,因此,充电过程中蓄电池的端电压总是大于蓄电池的电动势,即

$$U_c = E + I_c R_0$$

由于采用恒流充电,单位时间内所生成的硫酸量相等。所以,电解液相对密度随时间成直线上升,静止电动势也由于相对密度的不断上升而增加。

由图 5-2 还可看出,在充电开始后蓄电池的端电压 U 便迅速上升,这是因为充电时活性物质和电解液的作用首先是在极板的孔隙中进行的,生成硫酸使孔隙内的电解液相对密度迅速增大。以后随着生成的硫酸增多,硫酸将开始不断地向周围扩散,当继续充电至极板孔隙内析出的硫酸量与扩散的硫酸量达到平衡时,蓄电池的端电压就不再迅速上升,而是随着整个容器内电解液相对密度的上升而相应地增高。

当充电接近终了时,蓄电池端电压将达到 2.3~2.4 V,这时极板上的活性物质最大限度地转变为二氧化铅(PbO_2)和海绵状铅(Pb),再继续充电,电解液中的水将开始分解而产生氢气和氧气,以气泡的形式剧烈放出,形成所谓的"沸腾"状态。

由于氢离子在极板上与电子的结合不是瞬间完成而是缓慢进行的,于是靠近负极板处会积存较多的正离子 H^+,使溶液和极板之间产生附加电位差(也称氢过电位,约为 0.33 V),因而使端电压急剧升至 2.7 V 左右。此时应切断电路停止充电,否则将造成蓄电池过充电。

过充电时,由于剧烈地放出气泡,会在极板内部造成压力,加速活性物质的脱落,使极板过早损坏。所以,应尽量避免长时间的过充电。但在实际充电中,为了保证将蓄电池充足,往往需要 2~3 h 的过充电才行。

全部充电过程中,极板孔隙内的电解液密度比容器中的电解液相对密度稍大一些。因此,蓄电池的电动势 E 总是高于静止电动势 E_0。充电停止后,由于 $I_c=0$,端电压 U_c 立即下降,极板孔隙内电解液和容器中电解液的密度趋向平衡,因而蓄电池的端电压又降至 2.1 V 左右。

蓄电池充电终了的特征是:①蓄电池内产生大量气泡,呈"沸腾"状;②端电压和电解液相对密度均上升至最大值,且在 2~3 h 内不再增加。

四、放电特性

蓄电池的放电特性是指在恒流放电过程中,蓄电池的端电压 U_f 和电解液相对密度 ρ 等参数随时间变化的规律。图 5-3 所示的为一只 6-Q-105 型蓄电池的放电特性曲线。

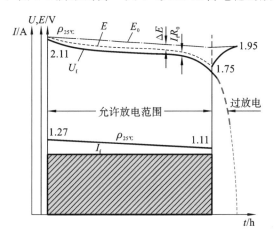

图 5-3 蓄电池的放电特性

由于放电过程中电流是恒定的,单位时间内所消耗的硫酸量相同,所以电解液的相对密度直线下降。相对密度每下降 $0.03\sim0.038 \text{ g/cm}^3$,蓄电池约放电 25%。

放电过程中,由于蓄电池内阻 R_0 上有压降,所以,蓄电池的端电压仍总是小于其电动势 E,即

$$U_f = E - I_f \times R$$

式中,U_f 是放电时蓄电池的端电压;E 是放电时蓄电池的电动势;I_f 是放电电流;R 是蓄电池的内阻。

随着放电程度的增加,电解液相对密度不断下降,电动势 E 也下降,同时内阻 R_0 增加,故端电压 U_f 将逐渐下降。放电时由于孔隙内的电解液密度小于外部电解液密度,因此放电时的电动势总是小于静止电动势。

由图 5-3 可见,放电开始时,端电压从 2.11 V 迅速下降,这是由于极板孔隙中的硫酸迅速被消耗,密度降低。这时容器中的电解液便向极板孔隙内渗透,当渗入的新电解液完全补偿了因放电时产生的化学反应而消耗的硫酸量时,端电压将随整个容器内的电解液相对密度的降低而缓慢下降到 1.95 V。

接着电压又迅速下降至 1.75 V,此时应停止放电,如继续放电,电压将急剧下降。这是

由于放电接近终了时,化学反应深入到极板的内层,而放电时生成的硫酸铅较原来活性物质的体积大(是海绵状铅的 2.68 倍,是二氧化铅的 1.86 倍),硫酸铅聚积在极板孔隙内,缩小了孔隙的截面积,使电解液的渗入困难,因而极板孔隙内消耗掉的硫酸难以得到补充,孔隙内的电解液相对密度便迅速下降,端电压也随之急剧下降。

当端电压降至一定值时(以 20 h 放电率放电,单格电压降至 1.75 V),再继续放电即为过度放电。过度放电对蓄电池是有害的,因为孔隙中生成的粗结晶硫酸铅在充电时不易还原,而使极板硫化,容量下降。

停止放电后,由于极板孔隙中的电解液和容器中的电解液相互渗透,趋于平衡,蓄电池的端电压将有所回升。

蓄电池放电终了的特征是:①电解液相对密度下降到最小许可值(约为 1.1 g/cm^3);②单体电池的端电压降至放电终止电压(以 20 h 放电率放电,单格电压降至 1.75 V;以 10 h 放电率放电,单格电压降至 1.70 V)。

容许的放电终止电压与放电电流强度有关,放电电流越大,则放完电的时间越短,而允许的放电终止电压越低,见表 5-1。

表 5-1 蓄电池终止电压与放电电流的关系

放电情况	放电率	20 h	10 h	3 h	30 min	5 min
	放电电流大小	$0.057C_{20}$	$0.1C_{20}$	$0.25C_{20}$	C_{20}	$3C_{20}$
单格电池终止电压/V		1.75	1.70	1.65	1.55	1.50

6 蓄电池的使用和维护

 提示

掌握蓄电池的使用和维护方法及步骤,蓄电池的使用项目包括储存、启用、拆装等。

 考核要点

(1) 新蓄电池的储存方法。
(2) 暂时不用的蓄电池的储存方法。
(3) 长期停用的蓄电池的储存方法。
(4) 新蓄电池的启用方法。
(5) 蓄电池的拆装步骤。
(6) 蓄电池的维护方法和步骤。
上述内容可转变的考核题型有单项选择题、判断题、综合题中的综述题、填图题。

 知识点

一、蓄电池的储存方法

1. 新蓄电池的储存方法

未启用的新电池的加液孔盖上的通气孔均已封闭,不要弄破。保管电池时应注意以下几点。

(1) 存放温度为 5～30 ℃,保持干燥、清洁、通风。
(2) 不要受阳光直射,离热源距离不小于 2 m。
(3) 避免与任何液体和有害气体接触。

(4) 不得倒置或卧放,不得叠放,不得承受重压。
(5) 新蓄电池的存放时间不得超过 2 年。

2. 暂时不用的蓄电池的储存方法

采用湿储存法,先充足电,再把电解液密度调至 $1.24\sim1.28$ g/cm^3,将液面调至规定高度,然后将通气孔密封,存放期不得超过半年,期间应定期检查,如容量降低 5%,应立即补充充电,交付使用前也应先充足电。

3. 长期停用的蓄电池的储存方法

采用干储存法,先充足电,再让电池以 20 h 的放电率放完电,然后倒出电解液,用蒸馏水反复冲洗,直到水中无酸性,晾干后旋紧加液孔盖,并将通气孔密封,存放条件与新蓄电池的相同。

二、新蓄电池的启用方法

擦净外表面,旋开加液孔盖,疏通通气孔,注入新电解液,静置 $4\sim6$ h 后,调节液面高度到规定值,按充电规范进行充电后即可使用。

干荷电蓄电池在规定存放期(一般为 2 年)内启用时,可直接加入规定密度的电解液,静置 $20\sim30$ min 后,校准液面高度即可使用。若因超期存放或保管不当损失部分容量,则在加注电解液后经补充充电方可使用。

三、蓄电池的拆装步骤

(1) 拆装、移动电池时,应轻搬轻放,严禁在地上拖拽电池。
(2) 蓄电池型号和车型应相符,电解液密度和高度应符合规定。
(3) 安装时,蓄电池应固定在托架上,塞好防振垫。
(4) 极桩涂上凡士林或润滑油,防腐、防锈。极桩卡子与极桩要接触良好。
(5) 蓄电池搭铁的极性必须与发电机的一致。
(6) 接线时先接正极后接负极,拆线时相反,以防金属工具搭铁,造成蓄电池短路。

四、蓄电池的维护方法和步骤

(1) 保持蓄电池外表面的清洁干燥,如图 6-1 所示,及时清除极桩和电缆卡子上的氧化物,并确定蓄电池极桩上的电缆连接牢固。

清洗蓄电池之前,要拧紧加液孔盖,防止苏打水进入蓄电池内部。清洗蓄电池时,最好将其从车上拆下,用苏打水溶液冲洗整个壳体,然后用清水冲洗蓄电池并用擦拭纸巾擦干。对于蓄电池托架,可先用腻子刀刮净厚腐蚀物,然后用苏打水溶液清洗托架,之后用水冲洗并干燥。托架干燥后,漆上防腐漆。对于极桩和电缆卡子,可先用苏打水溶液清洗,再用专用清洁工具进行清洁。清洗后,在电缆卡子上涂上凡士林或润滑油防止腐蚀。不要使用任

6 蓄电池的使用和维护

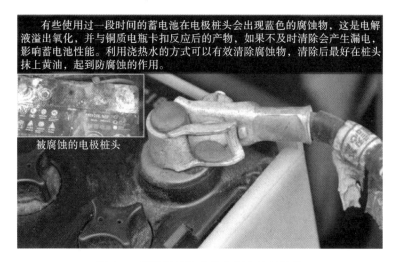

图 6-1 清除极桩和电缆卡子上的氧化物

何有机溶剂清洗电池。

（2）保持加液孔盖上通气孔的畅通，定期疏通，以免引起电池爆炸。

（3）如图 6-2 所示，定期检查并调整电解液液面高度，液面不足时，应补加蒸馏水。

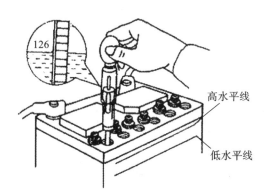

图 6-2 检查并调整电解液液面高度

（4）如图 6-3 所示，定期测量蓄电池电压，一定要将蓄电池电压控制在合理的范围内，以免产生不必要的损失。

（5）蓄电池在使用过程中不要过放电，放电后的蓄电池要及时充电。

（6）进行电池使用和维护时，请用绝缘工具。严禁将金属工具及导电物放在蓄电池接线端子附近，以免金属物与蓄电池两极相碰，造成短路打火，烧损电池及端子。

（7）车辆长期不用，应将蓄电池取下或断开蓄电池负极导线。蓄电池搁置停用时，应充足电并经常检查蓄电池状态，电压低时，及时进行补充电。

（8）禁止用蓄电池短路打火的方法来验证蓄电池是否有电。

（9）汽车每行驶 1000 km 或夏季行驶 5~6 天，冬季行驶 10~15 天后，应用密度计或高率放电计检查一次蓄电池的放电程度，当冬季放电超过 25%，夏季放电超过 50% 时，应及时将蓄电池从车上拆下进行补充充电。均衡充电/补充电时，建议初始电流设置在 10 A 以内。

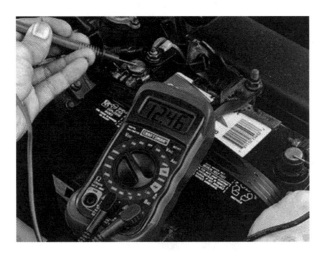

图 6-3 定期测量蓄电池电压

（10）根据季节和地区的变化及时调整电解液的密度。冬季可加入适量的密度为 1.40 g/cm³ 的电解液，以调高电解液的密度（一般比夏季高 0.02~0.04 g/cm³ 为宜）。

（11）冬季向蓄电池内补加蒸馏水时，必须在蓄电池充电前进行，以免因水和电解液混合不均而引起结冰。冬季蓄电池应经常保持在充足电的状态，以防电解液密度降低而结冰，从而引起外壳破裂、极板弯曲和活性物质脱落等故障。

（12）对于免维护蓄电池，绝对不要打开、拆卸安全阀，否则会影响电池的使用性能。如图 6-4 所示，应定期检查观察窗中的颜色。

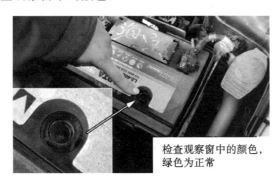

图 6-4 定期检查观察窗中的颜色

（13）电池最好在 20~30 ℃ 的温度范围内使用，应避免电池过充电。

（14）使用后报废的电池不得随意丢弃，请与生产厂家联系做再生回收处理。

（15）严禁将电池置于密闭容器内使用。

7 常见交流硅整流发电机的组成及作用

 提示

掌握常见交流硅整流发电机的组成及作用,理解交流硅整流发电机各组成零部件的作用。

 考核要点

(1) 交流硅整流发电机的作用。
(2) 交流硅整流发电机中整流器、电刷架及电刷、定子、转子、前后端盖、皮带轮(普通三角、刚性楔形和单向楔形)、风扇的组成及作用。
(3) 交流发电机电压调节器的作用。
上述内容可转变的考核题型有单项选择题、判断题、综合题中的综述题、填图题。

 知识点

一、交流硅整流发电机的作用

发电机是在发动机的驱动下,将机械能转变为电能的装置。发电机作为汽车的主要电源,其功用是在发动机正常运转时(怠速以上),向所有用电设备(起动机除外)供电,同时向蓄电池充电。

二、交流硅整流发电机的组成

汽车交流发电机的结构如图 7-1 所示,图中与电流输出有关的零件是:整流器、电刷架及电刷、定子、转子、前/后端盖、皮带轮、风扇等,这些零部件一旦出现故障,交流发电机是不会发电的。

1. 转子

(1) 转子的功能是产生正弦磁场。

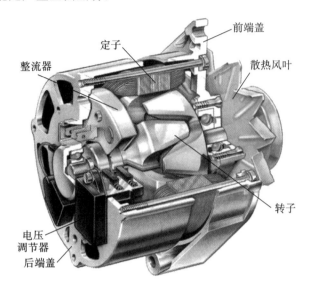

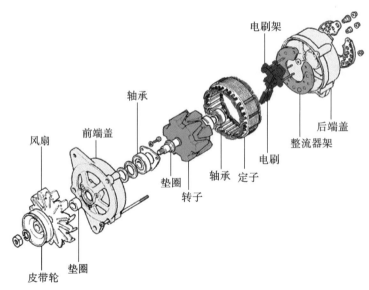

图 7-1 汽车交流发电机的结构

(2) 如图7-2所示,转子由磁场线圈、励磁绕组、转子轴、爪极、滑环组成。发电机转子实体如图7-3所示。

(3) 爪极(鸟嘴形)使磁场按正弦规律分布。转子磁场的磁力线分布与磁场电路原理如图7-4所示。

(4) 滑环之间、滑环与轴之间都应保持绝缘,如图7-5所示。

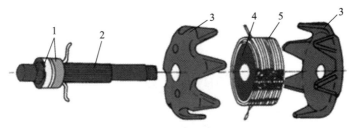

1—滑环；2—转子轴；3—爪极；4—励磁绕组；5—磁场线圈

图 7-2 交流发电机转子的组成

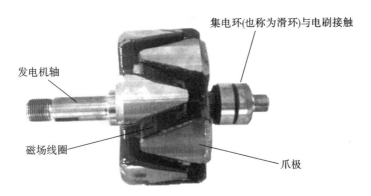

图 7-3 发电机转子实体

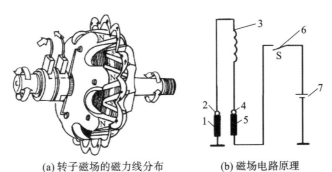

(a) 转子磁场的磁力线分布　　(b) 磁场电路原理

1、5—电刷；2、4—滑环；3—励磁绕组；6—点火开关；7—蓄电池

图 7-4 转子磁场的磁力线分布与磁场电路原理

（5）交流发电机的转子中的磁场线圈是产生磁场的地方，滑环通过导线与磁场线圈相连。

2. 电刷架及电刷

（1）绝缘电刷：其引线为发电机的磁场接线柱，标以"F"（内搭铁）或"F_1"（外搭铁）。

（2）搭铁电刷：其引线为发电机的搭铁接线柱，标以"－"、"E"（内搭铁），或"F_2"（外搭铁）。

（3）搭铁形式：交流发电机的搭铁形式分为内搭铁和外搭铁两种，如图 7-6 所示。

①内搭铁：励磁绕组直接搭铁。对于内搭铁式的交流发电机，其励磁绕组的两端通过电

图 7-5 滑环的绝缘结构

刷分别引至发电机后端盖上的接线柱,分别称为"F"(或"磁场")和"E"(或"搭铁")接线柱。

②外搭铁:励磁绕组经过调节器后再搭铁。对于外搭铁式的交流发电机,其励磁绕组的两端引至后端盖上的接线柱,分别称为"F_1"和"F_2"接线柱。

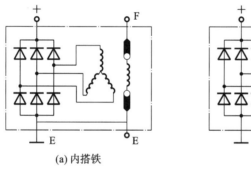
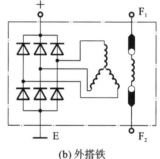

(a) 内搭铁　　　　　　　　　　(b) 外搭铁

图 7-6　交流发电机的搭铁形式

图 7-7 中的电刷架里面安装的两个电刷的一端被弹簧压在滑环上,另一端与电压调节器相连,接线插座接的是从点火开关引过来的一根电源线和一根接地线。

图 7-7 中,对于电压调节器、电刷架和接线插座,发生故障最多的是电刷,电刷和滑环接触,滑环随转子高速旋转,所以电刷容易磨损,磨损到极限就会和滑环接触不良,导致发电机输出电流过小。

3. 定子

(1) 定子的功能:产生三相电动势。

(2) 定子的组成:铁芯、三相对称绕组(大多采用星形接法)。

交流发电机的定子如图 7-8 所示。

交流发电机的定子部分是产生电流的地方,它主要由铁芯和线圈组成,它的结构如图 7-9 所示。

定子由铁芯、绝缘纸、定子线圈及抽头、固定线圈的绝缘签组成,转子在中心旋转时,定

7 常见交流硅整流发电机的组成及作用

图 7-7 电刷架

子线圈切割转子旋转产生的磁场产生电流。线圈由三组线圈组成,三组线圈的一端接在一起成为一个抽头,另外一端分别是三个抽头,这样三组线圈就有四个抽头。产生的是三相交流电,通过整流器整流输出直流电。

定子槽内置有三相对称绕组,三相绕组大多数采用 Y 形(星形)连接,也有用三角形连接的。如图 7-10 所示,为使三相绕组中产生大小相等、相位差为 120°(电角度)的对称电动势,三相绕组的绕法应遵循以下原则。

① 每相绕组的线圈个数、每个线圈的匝数和每个线圈的节距都必须完全相等。以 JF11 型发电机为例,磁极对数为 6 对,定子总槽数

图 7-8 交流发电机的定子

为 36 槽,每相绕组占有的槽数为(36/3=)12 槽,并且采用单层集中绕法,即每个槽内放置一个有效边(1 个线圈 2 个有效边,分别放在 2 个定子槽内)。因此,每相绕组都由 6 个线圈串联而成,每个线圈有 13 匝,则每相绕组共有(6×13=)78 匝。每个线圈的两个有效边之间所间隔的定子槽数称为线圈节距,相邻两异性磁极中心线之间的槽数称为极距,即

$$线圈节距=定子铁芯总槽数/(2×磁极对数)=36/12=3(槽)$$

② 三相绕组的起端 A、B、C(或末端 X、Y、Z)在定子槽内必须相隔 120°(电角度)。

4. 整流器

(1) 整流器的功能:将定子绕组产生的三相交流电变换为直流电。

(2) 整流器的组成:六/八/九/十一只硅二极管、两个元件板。

(3) 整流器的特点。

整流器的硅二极管根据引线的极性不同分为正极管和负极管两种类型。正极管:引线为二极管的正极,外壳为负极。负极管:引线为二极管的负极,外壳为正极。所有正极管的

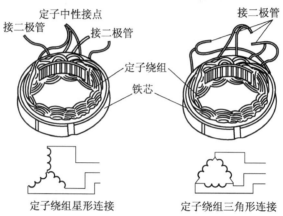

图 7-9 定子结构

负极连在一起组成发电机的正极,该接柱即为发电机的正极,标记为"B"。所有负极管的正极通过负整流板连在一起组成发电机的负极。

①正极管(红色)安装在元件板上,其元件板构成发电机的输出极(正极),即发电机的火线接线柱,标以"B"、"+"或"A"。

②负极管(黑色)安装在元件板上,其元件板构成发电机的负极,即发电机的搭铁接线柱,标以"-"或"E"。

整流器如图 7-11 所示。

整流器将交流发电机发出的交流电整流成直流电输出。整流器由二极管组成,所有二极管正向或反向连接在一起就组成了三相桥式整流器,其作用是将交流发电机发出的交流电整流成直流电。

如图 7-12 所示,6 只整流二极管分为正极管和负极管两种。中心引线为正极的整流二极管称为正极管,3 只正极管装在同一块散热板上;中心引线为负极的整流二极管称为负极管,3 只负极管安装在负极板上,也可直接安装在后端盖上。

整流器总成的形状各异,有马蹄形、半圆形和圆形等,如图 7-13 所示。整流器和定子绕组的连接如图 7-14 所示。目前整流器总成大多数都装于交流发电机后端盖的外侧,在整流器总成外通常会加装一个由薄铝板或薄铁板冲压而成的防护盖。

5. 前后端盖

前后端盖均由铝合金压铸而成或用砂模铸造而成。铝合金为非导磁材料,可减少漏磁,

7 常见交流硅整流发电机的组成及作用 49

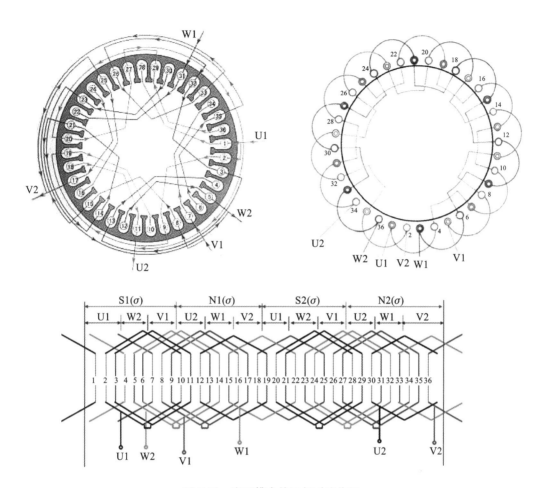

图 7-10 定子槽内的三相对称绕组

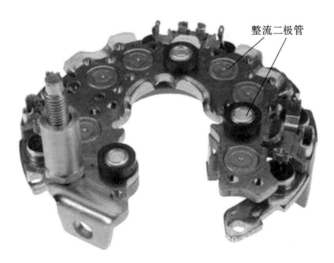

图 7-11 整流器

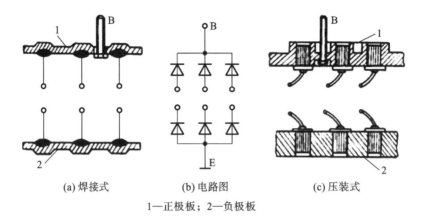

(a) 焊接式　　　(b) 电路图　　　(c) 压装式

1—正极板；2—负极板

图 7-12　交流发电机 6 只整流二极管安装示意图

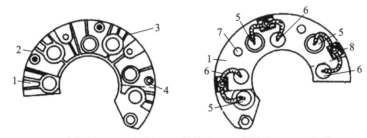

1—负极板；2—正极板；3—散热片；4—螺栓孔；5—正极管；
6—负极管；7—安装孔；8—绝缘垫

图 7-13　发电机整流器总成

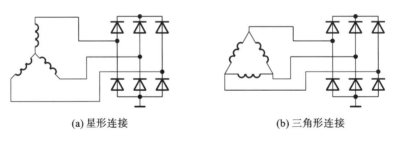

(a) 星形连接　　　(b) 三角形连接

图 7-14　交流发电机整流器和定子绕组的连接电路

其具有轻便、散热性能好的优点等。后端盖上装有电刷组件，电刷组件包括电刷、电刷架和电刷弹簧等。

6．皮带轮

发动机通过曲轴皮带轮和皮带将动力传给发电机皮带轮，驱动发电机转动。如图 7-15 所示，发电机皮带轮分为普通三角皮带轮、刚性楔形皮带轮和单向楔形皮带轮。

交流发电机单向皮带轮又称交流发电机超越皮带轮，俗称发电机带离合，如图 7-16 所示，发电机单向皮带轮由一个与多楔带截面形状相匹配的外圈，一个由冲压内圈、外圈和双滚针轴承组成的离合器单元，一个轴套，以及两个密封圈组成。为了排除水和其他污垢的影

7 常见交流硅整流发电机的组成及作用

(a) 普通三角皮带轮

(b) 刚性楔形皮带轮

(c) 单向楔形皮带轮

图 7-15 发电机皮带轮的类型

响,在其外端面安装了一个保护盖。其功能是将交流发电机从发动机前端附件皮带传动系中解耦出来,因为交流发电机在发动机前端附件皮带传动系中具有最高的转动惯性矩。这就意味着,发电机单向皮带轮使多楔带只能单向驱动交流发电机。

图 7-16 汽车发电机单向皮带轮分解图

7. 风扇

发电机的功率大、体积小,为了提高散热强度,一般装有两个风扇,且将风扇叶直接焊在转子上。发电机的风扇有一定的冷却作用,使转子绕组铁芯位置的热空气与绕组两端端部位置的较凉空气进行交换。如图 7-17 所示,交流发电机风扇的主要作用是扰动电机内部气体,使电动机内部与外部进行热交换,保证发电机温度稳定均匀。根据转速及功率不同,风扇可以设计为单侧风扇或双侧风扇,可固定在电机的轴承装配位置与绕组端部之间,并需留有一定的空气流动空间。

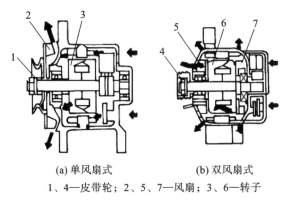

(a) 单风扇式　　　　(b) 双风扇式
1、4—皮带轮;2、5、7—风扇;3、6—转子

图 7-17　交流发电机的通风

三、电压调节器

交流发电机是由发动机带动发电的,发动机转速随汽车运行工况的不同而变化,因此,发电机的转速也随汽车运行工况的不同而变化。另外,汽车上用电设备的使用是频繁变化的。

由发电机特性可知,发电机的输出电压取决于发电机定子线圈的匝数、发电机的转速和转子线圈产生磁场的强度。随着发电机转速升高或用电设备减少,电压将上升。因此,交流发电机必须配备用来调节电压的装置,称为发电机电压调节器,如图 7-18 所示。

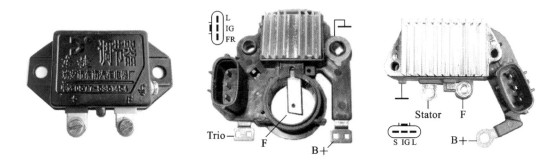

图 7-18　各种类型的电压调节器

电压调节器分为触点式电压调节器、晶体管电压调节器、电子调节器、集成电路电压调节器、多功能集成电路调节器。

电压调节器的作用是:当发动机转速变化时,通过控制发电机转子线圈的通电电流来控制磁场的强度,主动对发电机的电压进行调节,保证交流发电机输出电压不受转速和用电设备变化的影响,使发电机的电压稳定,以满足汽车用电设备的请求。

调节器与发电机的布置形式有分离式和整体式,分离式如图 7-19 所示,整体式如图 7-20 所示,对于整体式,调节器安装于发电机内部后端盖处。

7 常见交流硅整流发电机的组成及作用

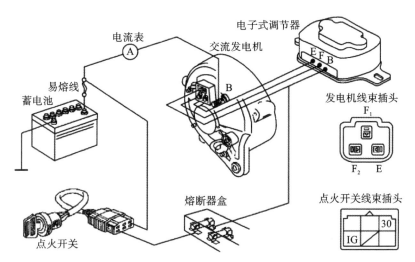

(a) 电子式调节器与发电机分离安装时的电源系统电路

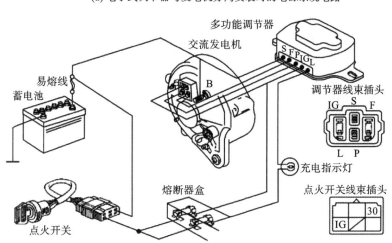

(b) 多功能调节器与发电机分离安装时的电源系统电路

图 7-19 分离式

图 7-20 整体式

8 起动机的组成、结构及工作原理

提示

理解起动机的组成、结构及工作原理,理解起动机各组成部分的结构和工作原理。

考核要点

(1) 起动机的基本组成。
(2) 起动机用直流电动机中电枢、磁极、电刷与电刷架、换向器的结构及工作原理。
(3) 直流电动机电磁转矩的产生原理。
(4) 起动机传动机构中三种(滚柱式、摩擦片式、弹簧式)单向离合器的结构及工作原理。
(5) 控制装置的组成、结构及工作原理。
上述内容可转变的考核题型有单项选择题、判断题、综合题中的综述题、填图题。

知识点

一、起动机的组成

起动机是起动系的核心,如图 8-1 所示,其主要由直流电动机、传动机构和控制装置三部分组成。直流电动机将蓄电池输入的电能转换为机械能,产生电磁转矩。传动机构利用驱动齿轮啮入发动机飞轮齿环,将直流电动机的电磁转矩传给曲轴,并及时切断曲轴与电动机之间的动力传递,防止曲轴反拖。控制装置接通或切断起动机与蓄电池之间的主电路,并使驱动小齿轮进入或退出啮合。有些起动机控制机构还有副开关,能在起动时将点火线圈附加电阻短路,以增大起动时的点火能量。

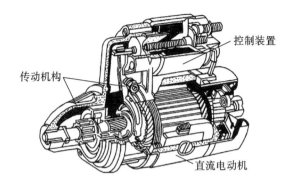

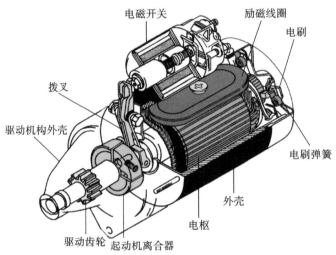

图 8-1 起动机的组成

二、起动机的结构及工作原理

1. 起动机用直流电动机

起动机的直流电动机按磁场产生的方式不同分为永磁电动机和激磁电动机。根据磁场绕组和电枢绕组的连接方式,激磁电动机又分为串激电动机、并激电动机和复激电动机。在汽车起动机中,串激电动机应用得最多。如图 8-2 所示,直流电动机主要由电枢、磁极、外壳等组成。

(1) 电枢:直流电动机的转动部分称为电枢,又称转子。转子由外圆带槽的硅钢片、电枢绕组线圈、电枢轴和换向器组成,如图 8-3 所示。

为了获得足够的转矩,通过电枢绕组的电流较大(汽油机为 200～600 A,柴油机可达 1000 A),因此,电枢绕组采用较粗的矩形裸铜漆包线绕制为成型绕组。

(2) 磁极:磁极由固定在机壳内的磁极铁芯和磁场绕组线圈组成,如图 8-4 所示。

磁极一般是 4 个,两对磁极相对交错安装在电动机的壳体内,定子与转子铁芯形成的磁通回路如图 8-5 所示,低碳钢板制成的机壳也是磁路的一部分。

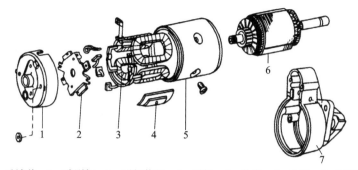

1—后端盖；2—碳刷架；3—磁极绕组；4—磁极；5—外壳；6—电枢；7—前端盖

图 8-2 直流电动机组成

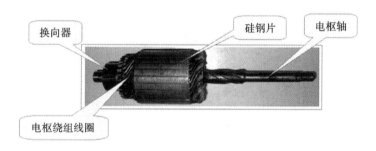

图 8-3 电枢总成

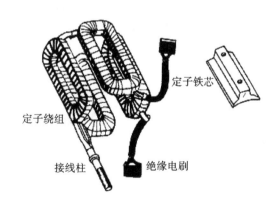

图 8-4 磁极

4 个励磁绕组有的相互串联后再与电枢绕组串联（称为串联式），有的则是两两串联后再并联，再与电枢绕组串联（称为混联式），如图 8-6 所示。

起动机内部线路连接如图 8-6（a）所示，励磁绕组一端接在外壳的绝缘接线柱上，另一端与两个非搭铁电刷相连。

当起动开关接通时，电动机的电路为蓄电池正极→接线柱→励磁绕组→电刷→换向器和电枢绕组→搭铁电刷→搭铁→蓄电池负极。

（3）电刷与电刷架：如图 8-7 所示，电刷架一般为框式结构，正极电刷架绝缘地固定在端盖上，负极电刷架与端盖直接相连并搭铁。电刷置于电刷架中，电刷由铜粉与石墨粉压制而

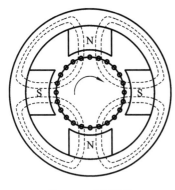

图 8-5 磁通回路

成,呈棕黑色。电刷架上有弹性较强的盘形弹簧。为了尽量减小电刷与换向器之间的接触电阻,并延长电刷使用寿命,电刷与换向器之间设计有较大的接触面积,电刷靠电刷弹簧压紧在换向器的外圆表面。一般起动机的电刷个数等于磁极个数,有的大功率起动机的电刷个数为磁极个数的两倍。

(4) 换向器:向旋转的电枢绕组注入电流。

换向器由许多截面呈燕尾形的铜片围合而成,如图 8-8 所示。铜片之间借助云母绝缘。云母绝缘层应比换向器铜片外表面下凹 0.8 mm 左右,以免铜片磨损时,云母片很快突出。电枢绕组各线圈的端头均焊接

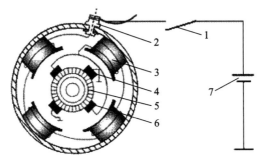

1—起动开关;2—接线柱;3—励磁绕组;4—负电刷;5—换向器;6—正电刷;7—蓄电池

(a) 内部线路连接

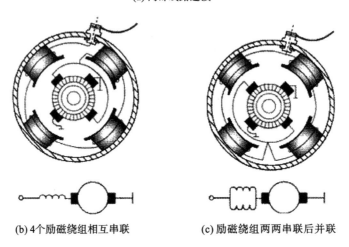

(b) 4 个励磁绕组相互串联　　(c) 励磁绕组两两串联后并联

图 8-6 励磁绕组的连接

在换向器的铜片上。

(5) 直流电动机是根据载流导体在磁场中受到电磁力作用而发生运动的原理而工作的。图 8-9(a)所示的为一台最简单的两极直流电动机模型,在磁场中放置一个线圈(即电枢绕组),线圈的两端分别与两片换向片连接,两只电刷分别压在换向片上,并分别与蓄电池的正极和负极连接。根据左手定则可知 a、b、c、d 两边均受到电磁力 F 的作用,由此产生逆时针

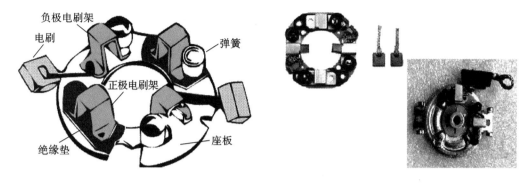

图 8-7 电刷与电刷架示意图

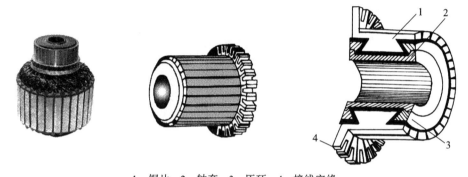

1—铜片；2—轴套；3—压环；4—接线突缘

图 8-8 换向器外形和结构

旋转方向的电磁转矩 M 使电枢转动，其换向方法如图 8-9(b)所示。实际的电枢上有多少线圈，换向器铜片也有相应的对数。

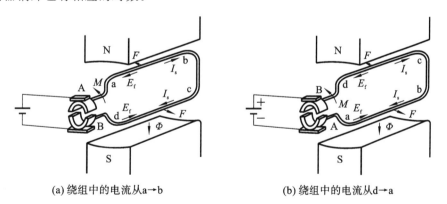

(a) 绕组中的电流从a→b　　　　　　(b) 绕组中的电流从d→a

图 8-9 直流电动机的工作原理

2. 传动机构

传动机构指使起动机的驱动齿轮和发动机的飞轮齿环啮合传动及分离的机构。

组成：传动机构由驱动齿轮、单向离合器、拨叉、啮合弹簧等组成，安装在电枢轴的螺旋部分。

作用：起动时，使起动机的驱动齿轮与发动机的飞轮齿环啮合，将电动机产生的转矩传递给飞轮；起动后，自动切断动力传递，防止电动机被发动机带动超速运转而遭到损坏。

种类：滚柱式单向离合器、摩擦片式单向离合器、弹簧式单向离合器。

(1) 滚柱式单向离合器。

滚柱式单向离合器与转子轴如图 8-10 所示，滚柱式单向离合器外形如图 8-11 所示，其结构如图 8-12 所示，花键套筒内具有花键槽，与电枢轴上的外花键相配合。驱动齿轮套在电枢轴的光滑部分上。在花键套筒的另一端，活络地套着缓冲弹簧压向右方，并有卡环防止脱出。拨环由传动叉拨动，驱动齿轮与单向离合器外壳刚性连接，十字块与花键套筒刚性连接。装配后，十字块与外壳形成四个楔形空间，滚柱分别安装在四个楔形空间内，且在压缩弹簧张力的作用下，处在楔形空间的窄端。

图 8-10　滚柱式单向离合器与转子轴

图 8-11　滚柱式单向离合器实物

滚柱式离合器的工作过程如下。

起动发动机时，在电磁力的作用下，传动拨叉使移动衬套沿电枢轴轴向移动，从而压缩缓冲弹簧。在弹簧张力的作用下，离合器总成与起动小齿轮沿电枢轴轴向移动，实现起动小齿轮与发动机飞轮的啮合。与此同时，控制装置接通起动机主电路，起动机输出强大的电磁转矩。转矩由传动套筒传至十字块，十字块与电枢轴一同转动。此时，飞轮齿环瞬间制动，使滚柱在摩擦力的作用下，滚入楔形槽的窄端而卡死。于是起动小齿轮和传动套筒成为一体，带动飞轮起动发动机，如图 8-13 所示。

起动发动机后，飞轮齿环带动驱动齿轮高速旋转，其速度比电枢轴转速快得多，驱动齿轮尾部的摩擦力带动滚柱克服弹簧张力，使滚柱滚向楔形腔室内较宽的一端，于是滚柱将在驱动齿轮尾部与外座圈间发生滑摩，发动机动力不能传给电枢轴，起到分离作用，电枢轴只按自己的转速空转，避免电枢超速飞散。

(2) 摩擦片式单向离合器。

如图 8-14 所示，摩擦片式单向离合器利用分别与两个零件关联的主动摩擦片和被动摩擦片之间的接触和分离，通过摩擦片实现扭矩传递和打滑。

(3) 弹簧式单向离合器。

如图 8-15 所示，弹簧式单向离合器利用与两个零件关联的扭力弹簧的粗细变化，通过扭力弹簧实现扭矩传递和打滑。

3. 控制装置

现代汽车上，起动机的控制装置均采用电磁式控制装置，即电磁开关，其外形如图 8-16

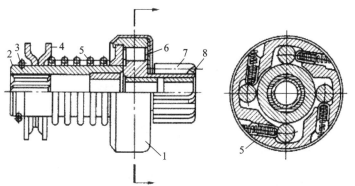

1—外壳；2—花键套筒；3—卡环；4—拨环；5—弹簧；6—滚柱；7—驱动齿轮；
8—铜衬套；9—十字块

(a) 总成

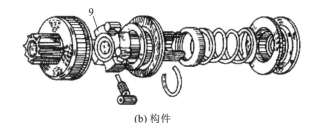

(b) 构件

图 8-12 滚柱式单向离合器结构

所示。

作用：控制驱动齿轮与飞轮齿环的啮合与分离；控制电动机电路的接通与切断。

组成：如图 8-17 所示，电磁开关主要由吸拉线圈、保持线圈、复位弹簧、活动铁芯、接触片等组成。其中，电磁开关上的"30"端子接至蓄电池正极；"C"端子接起动机励磁绕组；吸拉线圈的一端接起动机主电路，与励磁绕组和电枢绕组串联；保持线圈的一端直接搭铁，两线圈的公共端接点火开关。

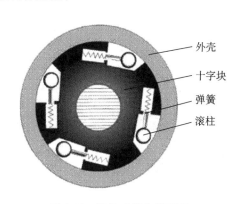

图 8-13 滚柱式离合器原理

工作过程：点火开关接至起动挡时，接通吸拉线圈和保持线圈，其电路为：蓄电池正极，熔断器→点火开关→接线柱，之后分两路，一路经吸拉线圈→主电路接线柱→励磁绕组→电枢绕组→搭铁→蓄电池负极，另一路经保持线圈→搭铁→蓄电池负极。

此时，吸拉线圈与保持线圈产生的磁场方向相同，在两线圈电磁吸力的作用下，活动铁芯克服回位弹簧的弹力而被吸入。拨叉将起动小齿轮推出使其与飞轮齿环啮合。

齿轮啮合后，接触盘将触头接通，蓄电池便向励磁绕组和电枢绕组供电，产生正常的转矩，带动起动机转动。与此同时，吸拉线圈被短路，齿轮的啮合位置由保持线圈的吸力来保持。

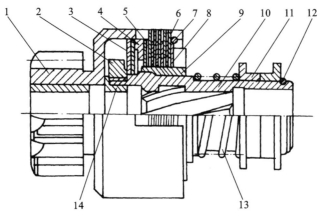

1—外接合鼓；2—螺母；3—弹性圈；4—压环；5—调整垫圈；6—被动摩擦片；7、12—卡环；
8—主动摩擦片；9—内接合鼓；10—花键套筒；11—移动衬套；13—缓冲弹簧；14—挡圈

图 8-14 摩擦片式单向离合器

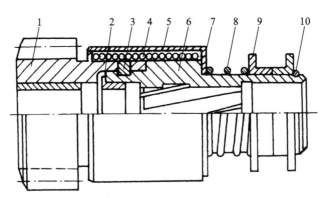

1—驱动齿轮；2—挡圈；3—月形键；4—扭力弹簧；5—护套；6—花键套筒；
7—垫圈；8—缓冲弹簧；9—移动衬套；10—卡环

图 8-15 弹簧式单向离合器

图 8-16 电磁开关

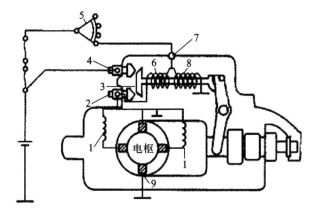

1—励磁绕组；2—"C"端子；3—接触片；4—"30"端子；
5—点火开关；6—吸拉线圈；7—"50"端子；8—保持线圈；9—电刷

图 8-17　起动机控制电路

发动机起动后，在松开起动按钮的瞬间，吸拉线圈和保持线圈是串联关系，两线圈所产生的磁通方向相反，互相抵消，于是活动铁芯在复位弹簧的作用下迅速回位，驱使驱动齿轮退出啮合，接触盘在其右端小弹簧的作用下脱离接触，主开关断开，切断了起动机的主电路，起动机停止运转。

9 电控独立点火系的组成和工作原理

提示

汽车点火系统的类型很多,本考点要求掌握电控独立点火系的组成和工作原理,以及电控独立点火系中各组成部分的结构和工作原理。

考核要点

(1) 电控独立点火系的基本组成及各种传感器、各种控制开关、电子控制单元、点火控制器、点火线圈、火花塞的结构和工作原理。

(2) 电控独立点火系的工作原理。

上述内容可转变的考核题型有单项选择题、判断题、综合题中的综述题、填图题。

知识点

一、电控独立点火系的组成

汽车点火系按照各缸点火次序定时地供给火花塞,以足够高能量的高压电(15000～40000 V)使火花塞产生足够强的火花来点燃可燃混合气体。

电控独立点火系主要由电源(蓄电池和发电机)、点火开关、各种传感器、各种控制开关、发动机电子控制单元(ECU)、点火控制器(点火器)、点火线圈及火花塞等部件组成。

如图9-1所示,每一个气缸安装一个低阻抗的点火线圈,点火线圈直接安装在火花塞顶上,这样便取消了高压线,电压直接通往火花塞电极。这种点火方式通过凸轮轴位置传感器或通过监测气缸压缩来实现精确点火,它适用于任何缸数的发动机。

如图9-2所示,点火控制器、点火线圈及火花塞组合可安装在双顶置凸轮轴(DOHC)的

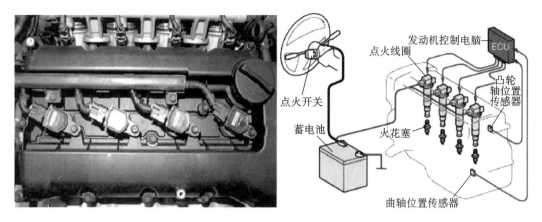

图 9-1 独立点火系在车上的安装位置

中间,以充分利用间隙。由于取消了分电器和高压线,因此能量传导损失及漏电损失极小,这克服了高转速时最容易发生的缺火现象。没有机械磨损,各缸的点火线圈和火花塞装配在一起,外用金属包裹,大幅减少了电磁干扰,保障了发动机电控系统的正常工作。每个火花塞使用独立的线圈意味着线圈点火的时间更长。

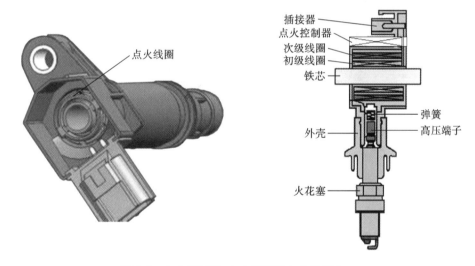

图 9-2 点火控制器、点火线圈及火花塞组合

1. 各种传感器和各种控制开关

传感器信号主要用来检测与点火有关的发动机工作状况信息并将检测结果输入电子控制单元,作为计算和控制点火时刻的依据;而各种控制开关信号则用于修正点火提前角。

传感器和控制开关主要包括空气流量计、曲轴位置传感器、冷却液温度传感器、节气门位置传感器、车速传感器、空调开关和空挡起动开关等。

2. 电子控制单元

电子控制单元用于控制点火系统,其是发动机集中控制系统的一个子系统,电子控制单元既是点火控制系统的核心,也是燃油喷射控制系统的核心。

3. 点火控制器

如图 9-3 所示，在电控独立点火系中，点火控制器与点火线圈制成一体。

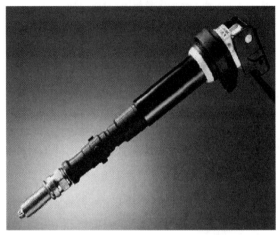

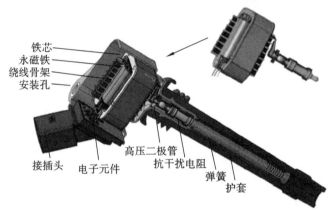

图 9-3　电控独立点火系中的点火控制器与点火线圈

如图 9-4 所示，点火控制器的作用是接受 ECU 发出的点火信号，控制点火线圈初级绕组电流的通断，使次级线圈产生很高的感应电压，击穿火花塞，点燃混合气体。同时根据脉冲频率检测发动机的转速，并利用该信息改变初级线圈的通电时间，以适应发动机不同转速对点火的要求。

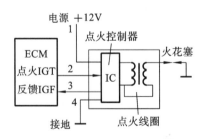

图 9-4　电控独立点火系示意图

点火控制器还会给 ECU 一个点火确认信号,用这个信号控制喷油信号。ECU 接收不到点火确认信号时不会喷油,以免淹缸。

4. 点火线圈

点火线圈相当于一个自耦变压器,其能将 12 V 的低压直流电变换成 15.20 kV 的高压直流电。按磁路的结构形式不同,点火线圈可以分为开磁路式和闭磁路式两种。传统点火系中广泛采用开磁路式点火线圈,闭磁路式点火线圈多用于电子点火系统。

如图 9-5 所示,独立点火系的发动机的每个气缸都有一个单独的点火线圈。点火电路由带初级线圈和次级线圈的点火线圈和发动机控制单元中的点火控制电路组成。点火线圈里面有两组线圈,即初级线圈和次级线圈,火花塞与次级线圈相连。点火线圈将 12 V 的低电压变成高电压(15000~40000 V),初级线圈的匝数比大于次级线圈的匝数比。

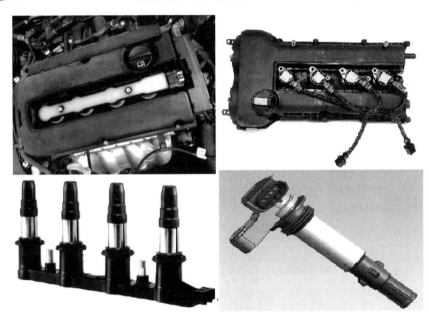

图 9-5 独立点火系的发动机的点火线圈

闭磁路式点火线圈的铁芯是"日"字形或"口"字形的,铁芯内绕有初级绕组,在初级绕组外绕有次级绕组,铁芯构成闭合磁路,磁路中只设有一个微小的气隙,如图 9-6 所示。闭磁路式点火线圈漏磁少、磁阻小、能量损失少、变换效率高,可使点火线圈小型化。

在初级线圈的电路闭合期间(关闭时间),随着电流的增大,会产生一个很强的磁场,铁芯储存了磁场能;在点火时刻,流过初级线圈的电流重新中断,初级线圈的磁场迅速衰减,磁场的能量通过磁耦合的次级线圈放电(感应)。这时在次级线圈就会感应出很高的电压。此高压在火花塞上产生点火火花。初级线圈的磁场消失速度越快,电流断开瞬间的电流越大,两个线圈的匝数比越大,则次级线圈感应出来的电压越高。

火花塞上的点火电压(点火电压需求)必须始终低于点火装置可能的最大点火电压(点火电压供应)。当点火火花击穿后,剩余的能量在火花持续时间内在火花塞上转换掉。因此必须精确调整点火火花点燃燃烧室内的可燃混合气体的时刻,这样可以保证最佳扭矩及低

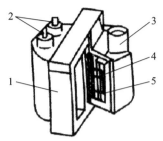

1—"日"字形铁芯；2—初级绕组接柱；3—高压接柱；4—初级绕组；5—次级绕组

图 9-6　闭磁路式点火线圈的结构

油耗，且同时使有害物质的排放最少。

独立点火线圈受发动机转速、发动机扭矩、增压压力、当前过量空气系数、冷却液温度、进气温度、燃油等级（辛烷值）、发动机运转工况（发动机起动、怠速、部分负荷、满负荷）等参数的影响。

5. 火花塞

火花塞将高压电引进发动机燃烧室，在电极间形成火花，以点燃可燃混合气体，如图 9-7 所示。

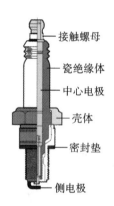

图 9-7　火花塞的结构

二、电控独立点火系的工作原理

如图 9-8 所示，工作时，ECU 综合各种传感器、开关送来的信号，发动机电脑综合各传感器、开关的输入信号，从存储器中选出最适当的点火提前角，再根据曲轴位置传感器判别出曲轴转速、位置及具体是几缸处于压缩上止点，确定点火时间，并将点火正时信号送至各缸点火控制模块电路。由各缸电路按预先设定的顺序输出控制信号至点火线圈初级电流驱动电路，由该电路切断、接通相应点火线圈的初级电流，即控制点火线圈初级电流的断续，次级线圈中感应出的高压电加至相应缸火花塞，使其放电产生电火花。

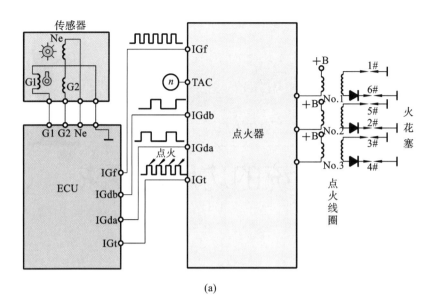

(a)

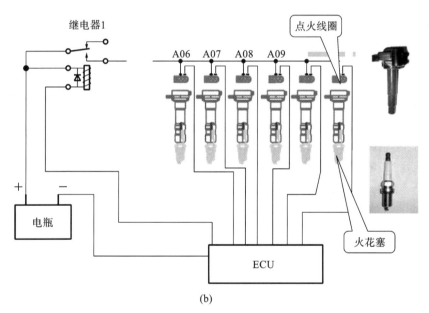

(b)

图 9-8　电控独立点火系工作原理示意图

10

照明、喇叭系统的功用和要求

 提示

汽车中的照明系统有两类,即汽车照明和汽车信号灯,包括外部照明、内部照明、外部信号灯、内部信号灯等,要求了解每一种照明灯或信号灯的功用和使用要求。

 考核要点

(1) 汽车照明中前照灯(近光灯、远光灯)、雾灯(前、后雾灯)、牌照灯、仪表灯、顶灯、踏步灯、门控灯、行李厢灯、阅读灯、车内环境氛围灯的功用和要求;汽车信号灯中转向信号灯、危险报警灯、示宽灯、尾灯、制动灯、高位刹车灯、示廓灯、倒车灯、日间行车灯的功用和要求。
(2) 汽车组合开关的作用。
(3) 喇叭系统的功用和要求,汽车喇叭按钮的作用。
上述内容可转变的考核题型有单项选择题、判断题、综合题中的综述题、填图题。

 知识点

一、汽车照明系统的组成

汽车照明系统是汽车安全行驶的必备系统之一,按照功能功用划分,其主要分为两个种类:汽车照明和汽车信号灯,包括外部照明、内部照明、外部信号灯、内部信号灯等,如图10-1所示。

汽车照明按照其安装的位置及功用包括前照灯(近光灯、远光灯)、雾灯(前后雾灯)、牌照灯、仪表灯、顶灯、踏步灯、门控灯、行李厢灯、阅读灯、车内环境氛围灯等。汽车信号灯包括转向信号灯、危险报警灯、示宽灯、尾灯、制动灯、高位刹车灯、示宽灯、倒车灯、日间行车灯等。

二、汽车照明系统的功用和要求

1. 汽车外部照明的功用和要求

(1) 前照灯：汽车前照灯又称为前大灯，装于汽车头部两侧，用于夜间行车道路的照明，有两灯制(见图10-2)和四灯制(见图10-3)之分。每辆车安装两只或四只灯，装于外侧的一对应为近/远光双光束灯，装于内侧的一对应为远光单光束灯。

①近光灯：如图10-4所示，近光灯用于近距离照明，其照射范围大(160°)，照射距离短，聚光度无法调节，根据光源不同可分为卤素、氙气和LED近光灯等。

近光灯的照射距离约为30～40米。根据实验得知，夜间以55千米/小时的速度行驶时，发现情况立即踩制动，停车距离正好为30米。即从在近光灯照射范围内发现情况到立即停车，车与物体之间已无间隙。当然这是在车况、路况及驾驶员反应均良好的情形下，如果行驶速度过快，车况、路况较差，或驾驶员疲劳反应时间长，则结果可想而知了。

②远光灯：远光灯在大灯反光镜面的焦点上，发出的光会平行射出，光线较为集中，亮度较大，可以照到很远很高的物体，根据光源不同可分为卤素、氙气和LED远光灯等，如图10-5所示。

按我国《道路交通安全法》的相关规定，在路灯打开或者照明较好的道路上行车时不应打开远光灯。打开远光灯的车辆应该在会车前150米之前切换至近光灯。

前照灯灯光光色为白色，远光灯功率为45～60 W，近光灯功率为25～55 W。要求前照灯应能保证提供车前至少100米路面范围内明亮、均匀的照明，并且不应对迎面而来的驾驶员造成眩目。随着车速的不断提高，汽车上的前照灯的照明距离可达到200～300米。

(2) 雾灯：安装于汽车的前部和后部，在雨雾天气或能见度受天气影响较大的情况下，其可为迎面来车及后面来车提供信号。

前雾灯安装在前照灯附近，一般比前照灯的位置稍低，前雾灯的作用并不是照明，而是提供一个高亮度的散射光源(见图10-6)。因为雾天能见度低，驾驶员视线受到限制。红色和黄色是穿透力最强的颜色，前雾灯光色为黄色，这是因为黄色光光波较长，具有良好的透雾性能，它可提高驾驶员与周围交通参与者的能见度，使来车和行人在较远处发现对方。

后雾灯(见图10-7)用于警示尾随车辆，保持安全距离。后雾灯采用单只时，应安装在车辆纵向平面的左侧，与制动灯间的距离应大于100毫米，后雾灯灯泡功率较大，灯光光色为红色，穿透力高于制动灯。

(3) 牌照灯：如图10-8所示，牌照灯是夜间或者天色比较暗的时候和示宽灯一起打开的用以照亮牌照的灯。

国标《汽车及挂车后牌照板照明装置配光性能》GB 18408规定了汽车灯光配置及安装方法，关于汽车牌照灯的规定就是其中的重要一项。牌照灯用于照亮车辆牌照，装在汽车尾部牌照的上方或左右两侧。后牌照灯的亮度要求为，在夜间，视力正常的人可在20米之内看清牌照号码，它没有单独的开关，与示宽灯或前照灯共用一个开关。

夜间通过牌照灯的灯光可清楚地看到牌照号码，通过号码就可查出车辆的所有数据资

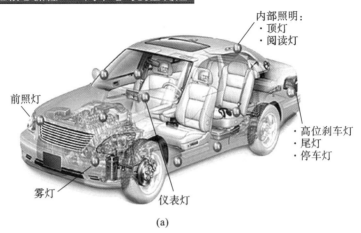

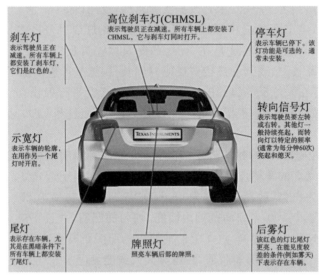

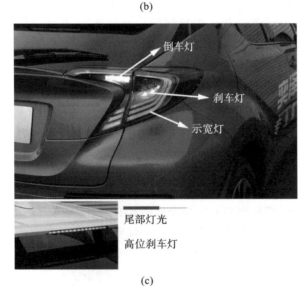

图 10-1 汽车照明和汽车信号灯

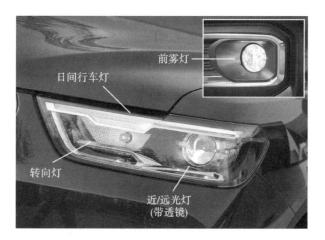

图 10-2　两灯制前照灯

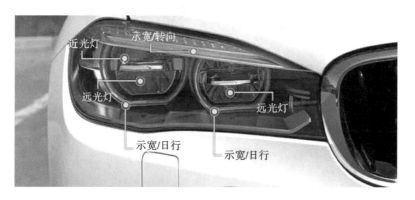

图 10-3　四灯制前照灯

图 10-4　近光灯

图 10-5 远光灯

图 10-6 前雾灯

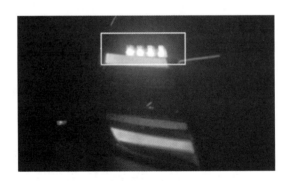

图 10-7 后雾灯

料。一旦汽车发生交通事故,交警可以从汽车的前后方看到车辆的牌号,并通过牌号查找出车辆的责任人。

2. 汽车内部照明的功用和要求

汽车内部照明由顶灯、仪表灯、踏步灯、门控灯、行李厢灯、阅读灯、车内环境氛围灯等组成,主要用于为驾驶员、乘客提供方便。灯光光色为白色,灯泡功率在 2~20 W 范围内。

(1) 顶灯:如图 10-9 所示,顶灯安装在驾驶室或车厢内顶部,其为驾驶室或车厢内的照明灯具,灯光颜色一般为白色。

图 10-8 牌照灯

图 10-9 顶灯

（2）仪表灯：如图 10-10 所示，仪表灯安装于仪表盘内，用来照明汽车仪表，灯光颜色一般为白色。

（3）踏步灯：如图 10-11 所示，踏步灯一般安装在汽车的上下车台阶的左右两侧，作用是用来照明车门的踏步处，方便乘客上下车，灯光颜色一般为白色。

（4）门控灯：如图 10-12 所示，门控灯光色为红色。装于轿车外张式车门内侧底部，打开车门时，门控灯亮起，以告示后来行人、车辆注意避让。同时，开门时可以为下车的地方提供些许照明。

（5）行李厢灯：如图 10-13 所示，行李厢灯是为行李厢提供照明的小灯，灯光为白色。在打开行李厢盖的同时，行李厢灯自动点亮，以方便取物。

行李厢灯开关位于行李厢门锁里，行李厢门打开时，开关接通，行李厢灯亮起；行李厢门盖下后，开关关闭，行李厢灯熄灭。

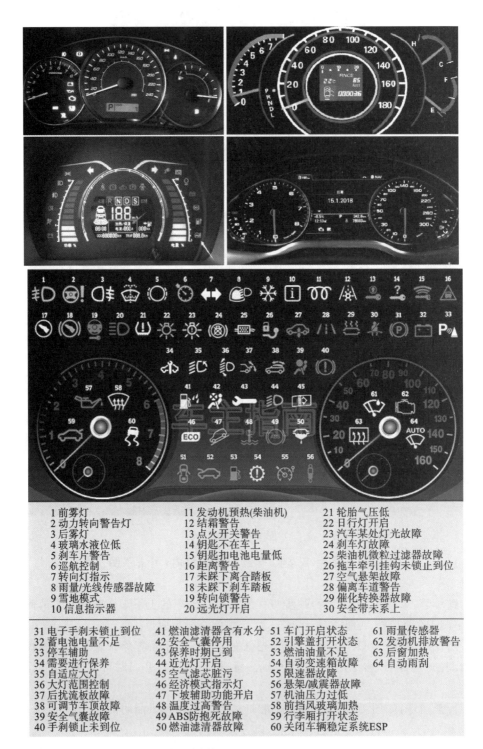

图 10-10 仪表灯

图 10-11　踏步灯

图 10-12　门控灯

（6）阅读灯：如图 10-14 所示，阅读灯装于乘员席前部或顶部，又称为化妆镜灯。阅读灯聚光时，不会令驾驶员产生眩目现象，其照明范围较小，有的还有光轴方向调节机构。

（7）车内环境氛围灯：如图 10-15 所示，车内环境氛围灯是一种起到装饰作用的照明灯，通常会在中控台、门板、车顶和中央通道等地方设置多条灯带，有单色、多色可供选择，营造出多样化的怡人氛围。

三、汽车信号灯的功用和要求

1. 转向信号灯

转向信号灯有左右前转向灯、左右后转向灯，有的车辆还配有左右侧转向灯。转向灯采用闪光器实现灯光闪烁，闪光频率应控制在 1~2 Hz。汽车转弯时转向信号灯发出明暗交替的闪光信号，使前后车辆、行人知其行驶方向。转向信号灯的灯光光色为琥珀色，要求前、后转向信号灯白天 100 米以外可见，侧转向信号灯白天 30 米以外可见。

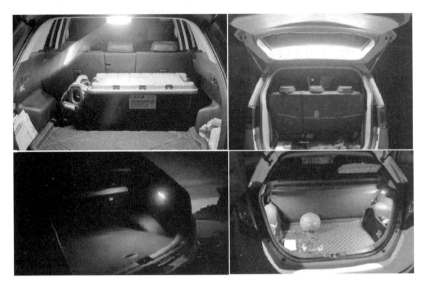

图 10-13　行李厢灯

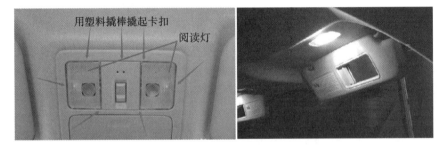

图 10-14　阅读灯

图 10-15　车内环境氛围灯

2. 危险报警灯

《中华人民共和国道路交通安全法》第五十二条为:"机动车在道路上发生故障,需要停车排除故障时,驾驶人应当立即开启危险报警闪光灯,将机动车移至不妨碍交通的地方停放;难以移动的,应当持续开启危险报警闪光灯,并在来车方向设置警告标志等措施扩大示警距离,必要时迅速报警"。危险报警灯如图10-16所示。

危险报警灯是一种提醒其他车辆与行人注意本车发生了特殊情况的信号灯。国标规定,危险报警灯装置不受电源总开关的控制,其可与前后左右转向灯合用。遇到紧急危险情况时,应按下危险报警灯开关,如图10-17所示,同时点亮前后左右转向灯,以发出警告信号。

图 10-16 危险报警灯

图 10-17 危险报警灯开关

3. 制动灯

制动灯用于指示车辆的制动或减速信号,如图10-18所示。制动灯安装在车尾两侧,两制动灯应与汽车的纵轴线对称并在同一高度上,制动灯灯光光色为红色,应保证在白天100米以外可见。

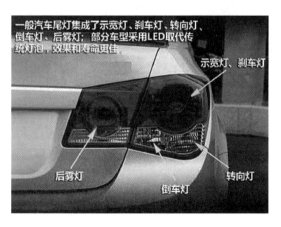

图 10-18 制动灯

4. 高位刹车灯

高位刹车灯一般安装在行李厢盖上、车尾顶部或后风挡内,如图10-19所示。

高位刹车灯的作用是警示后面行驶的车辆,从而避免发生追尾事故。底盘较低的轿车和微型汽车的后刹车灯位置较低,通常亮度也不够,导致在其后面跟随行驶的车辆,特别是

图 10-19　高位刹车灯

底盘较高的卡车、客车和公共汽车的司机有时很难看清楚,因此发生追尾事故的隐患就比较大。

大量调查研究结果证明,高位刹车灯能够有效防止和减少汽车追尾事故的发生。因此,高位刹车灯在许多发达国家得到了广泛应用。

5. 示宽灯

示宽灯安装在汽车前、后、左、右侧的边缘,用于夜间行驶时指示汽车的宽度和高度,其也被称为"示廓灯"或"示高灯",如图 10-20 所示。示宽灯灯光应在夜间 300 米以外可见。前示宽灯的灯光光色为白色,后示宽灯的灯光光色多为红色。

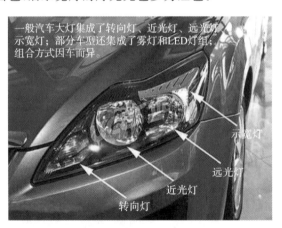

图 10-20　示宽灯

6. 倒车灯

如图 10-21 所示,倒车灯装于汽车尾部,用于倒车时汽车后方道路照明和警告其他车辆和行人,表示该车正在倒车,其兼有灯光信号装置的功能。倒车灯的灯光光色为白色。有的车辆只有一个倒车灯。

7. 日间行车灯

日间行车灯用于让前方和对向车辆注意到你所驾驶车辆的位置,从而提高车辆的被辨识性,让车辆在白天行驶时更容易被识别,其装在车身前部,如图 10-22 所示。汽车发动机一

图 10-21　倒车灯

起动，日间行车灯便自动开启，引起路上其他机动车、非机动车，以及行人的注意。当夜晚降临，驾驶者手动打开近光灯后，日间行车灯便自动熄灭。

图 10-22　日间行车灯

但日间行车灯并不能作为车辆的照明灯使用，其只是能让前方和对向车辆更容易注意到自己的位置，其是一种信号灯。

日间行车灯最早起源于北欧和北美国家，这些地区经常下雪、起雾，能见度很低，所以这些国家规定白天驾车也必须开车灯。

四、汽车组合开关的作用

汽车组合开关安装在汽车转向管柱上或仪表台上，其是由两个以上用以控制汽车照明、信号、其他附件的开关组成的装置。组合开关可控制汽车照明和汽车信号灯，分为灯光组合拨杆式开关（图 10-23）和灯光组合旋钮式开关（图 10-24）两种。

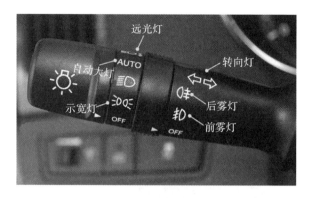

图 10-23　灯光组合拨杆式开关

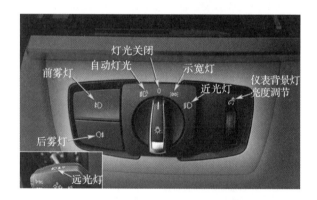

图 10-24　灯光组合旋钮式开关

五、喇叭系统的功用和要求

喇叭是汽车的音响信号装置,汽车配置有高、低音喇叭各一个,安装在汽车前轮的保险杠内或前进气格栅后(见图 10-25)。在汽车的行驶过程中,驾驶员根据需要和规定发出音响信号,警告行人和引起其他车辆注意,保证交通安全,同时还用于传递信号。

图 10-25　喇叭

我们国家制定的《中华人民共和国环境噪声污染防治法》中把超过国家规定的环境噪声排放标准,并干扰他人正常生活、工作和学习的现象称为环境噪声污染。声音的分贝是声压级单位,记为 dB,用于表示声音的大小。

根据 GB 7258 国标规定,对喇叭进行声级检验,发动机最大净功率为 7 kW 以下的摩托车和轻便摩托车的声级标准为 80~112 dB,其他机动车的为 90~115 dB。小轿车的喇叭声会导致瞬间噪声值超过 70 分贝并接近 80 分贝,大车的鸣笛声更会超过 80 分贝。很多地方政府均对汽车喇叭的声音进行了规定。例如规定在市内行驶的机动车辆严禁使用音量超过 95 分贝的喇叭。

汽车的喇叭按键一般位于汽车的方向盘上的中间位置(见图 10-26),其按钮在方向盘安全气囊下。另外,不同的车型喇叭按键的位置是不同的,有些车型的喇叭按钮开关设置在灯光组合拨杆式开关顶端(见图 10-27)。

图 10-26 汽车方向盘中间位置的喇叭按键

图 10-27 灯光组合拨杆式开关顶端的喇叭按钮

汽车喇叭是负极控制的,因为汽车以负极搭铁为主,而汽车喇叭按钮开关一般要求不受点火开关控制,即在任何情况下都可以按响喇叭。

汽车喇叭按钮不起搭铁的作用。喇叭按钮在喇叭控制电路中控制喇叭继电器的电磁线圈,不按喇叭按钮,喇叭继电器的电磁线圈断电;按喇叭按钮,喇叭继电器的电磁线圈通电。通过控制喇叭继电器的电磁线圈的通断控制喇叭继电器触点的通断,从而控制电流是否回到电源的负极(搭铁)或车身控制模块(由车身控制模块控制搭铁)形成回路,使喇叭响或不响。

11 暖风-空调系统各部件的组成、结构和作用

提示

掌握暖风-空调系统各部件的组成、结构和作用,掌握取暖系统、制冷系统、通风系统和空气净化系统及空调控制系统的组成、结构和作用,以及这四个部分中各种类型部件的组成、结构和作用。

考核要点

(1) 汽车暖风-空调系统的基本组成及作用。

(2) 热水取暖系统中加热器芯、水阀、鼓风机等部件的组成、结构和作用。

(3) 制冷系统的制冷循环原理;制冷循环系统的组成部件中,压缩机、冷凝器、储液干燥器、集液器、膨胀阀、膨胀管、蒸发器、空调控制面板、制冷剂、冷冻润滑油(压缩机油)的组成、结构和作用。

(4) 通风系统中动压通风和强制通风的原理;空气净化系统中空气滤清器、杀菌灯和离子发生器的结构和作用。

(5) 空调控制系统中电磁离合器的组成、结构和作用;蒸发器的温度控制、冷凝器的风扇控制、制冷循环的压力控制、发动机的怠速提升控制、发动机失速控制、冷却液温度控制、制冷剂温度控制、环境温度控制等的作用。

上述内容可转变的考核题型有单项选择题、判断题、综合题中的综述题、填图题。

知识点

一、暖风-空调系统的基本组成及作用

汽车空调是用来改善汽车舒适性的设备,可以对车内空气的温度、湿度进行调节,并保持车内的空气清洁。暖风-空调系统由取暖系统、制冷系统、通风系统和空气净化系统及空调控制系统组成。

汽车暖风-空调系统通常都具备以下功能。

调节温度:将车内的温度调节到人体感觉适宜的温度。

调节湿度:将车内的湿度调节到人体感觉适宜的湿度。

调节气流:调节车内出风口的位置、出风的方向及风量的大小。

净化空气:滤去空气中的尘土和杂质,或对空气进行杀菌消毒。

为完成暖风-空调系统的上述功能,汽车暖风-空调系统通常应包括如下装置。

暖风装置:用以提高车内的温度。

制冷装置:用以降低车内的温度,并降低车内的湿度。

通风装置:用以调节车内的气流和进行换气。

空气净化装置:用以过滤空气及对空气进行消毒处理。

目前汽车的空调系统依车辆的配置不同,所具备的装置也有所不同,一般低档汽车只有暖风装置和通风装置,中高档汽车具备制冷装置和空气净化装置。图 11-1 所示的是空调系统的组成部件在车上的布置,图 11-2 所示的是手动控制空调系统的控制面板。图 11-3 所示的是自动控制空调系统的控制面板。

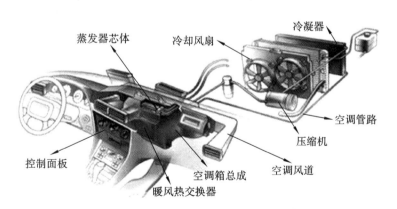

图 11-1 空调系统在车上的布置

空调系统控制有手动控制和自动控制之分,手动空调需要驾驶员通过旋钮或拨杆对控制对象进行调解,如改变温度等。自动空调只需驾驶员输入目标温度,空调系统便可按照驾驶员的设定自动进行调节。

图 11-2 手动控制空调系统的控制面板

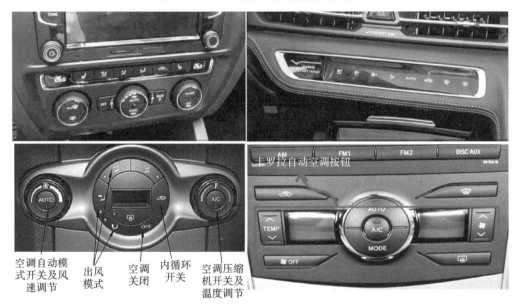

图 11-3 自动控制空调系统的控制面板

二、取暖系统

取暖系统可以将车内的空气或从车外吸入车内的空气加热,提高车内的温度,如图 11-4 所示。取暖系统有许多类型,按热源不同可分为热水取暖系统、燃气取暖系统、废气余热式水暖系统等,目前小车上主要采用热水取暖系统,大型车辆上主要采用燃气取暖系统。

1. 热水取暖系统

(1) 热水取暖系统的工作原理。

热水取暖系统的组成如图 11-5 所示。热水取暖系统的热源通常采用发动机的冷却水,先使冷却水流过一个加热器芯,再使用鼓风机将冷空气吹过加热器芯加热空气,使车内的温度升高,如图 11-6 所示。

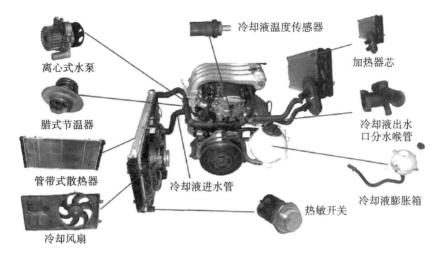

图 11-4 取暖系统的组成

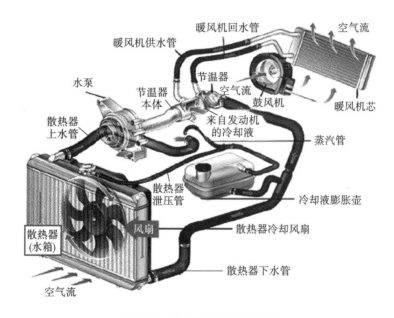

图 11-5 热水取暖系统的组成

（2）热水取暖系统的组成。

热水取暖系统主要由加热器芯、水阀、鼓风机、控制面板等组成。

①加热器芯：加热器芯的结构如图 11-7 所示，其由水管和散热器片组成，发动机的冷却水进入加热器芯的水管，通过散热器片散热后，再返回发动机的冷却系统。

②水阀：水阀用来控制进入加热器芯的水量，进而调节取暖系统的加热量，调节时，可通过控制面板上的调节杆或旋钮等进行控制，其结构如图 11-8 所示。

③鼓风机：鼓风机由可调节速度的直流电动机和鼠笼式风扇组成，其作用是将空气吹过加热器芯加热后送入车内，调节电动机的速度，可以调节车厢内的送风量。鼓风机的结构如图 11-9 所示。

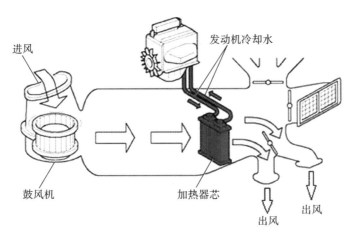

图 11-6 热水取暖系统工作原理

图 11-7 加热器芯

（3）热水取暖系统调节温度的方式。

取暖系统有两种类型，一种是空气混合型，另一种是水流调节型。

①空气混合型：这种类型的取暖系统在暖风的气道中安装空气混合调节风门，这个风门可以控制通过加热器芯的空气和不通过加热器芯的空气的比例来实现温度的调节，目前绝大多数汽车均采用这种方式，其示意图如图 11-10 所示。

②水流调节型：这类取暖系统采用前述的水阀调节流经加热器芯的热水量，从而改变加热器芯本身的温度，进而调节温度。

2. 燃气取暖系统

在大、中型客车上，仅靠发动机冷却水的余热取暖是远远满足不了要求的，为此，在大客车中常采用燃气取暖系统，燃气取暖系统的示意图如图 11-11 所示，燃油和空气在燃烧室中混合燃烧，加热发动机的冷却水，加热后的水进入加热器芯向外散热，降温后返回发动机再进行循环。

3. 废气余热式水暖系统

废气余热式水暖系统结构简单且供热可靠，不另需燃料，只要发动机工作，便可产生热水，如图 11-12 所示。其缺点是必须在发动机冷却水温度上升到大循环温度时才能供暖，在寒冷季节供暖时显得有些不足，甚至可能会导致发动机过冷，影响发动机的正常工作；在停车取暖时，发动机的运行增加了发动机的磨损。

大型客车仅依靠这种装置难以满足供暖要求，而且新型的柴油发动机效率高，可用于供暖的余热相对较少，所需升温时间比汽油发动机稍长。此系统的缺点是效率低、复杂、体积较大，如果热交换器漏气，则废气会进入车厢，会造成污染。目前很少使用此类型的系统。

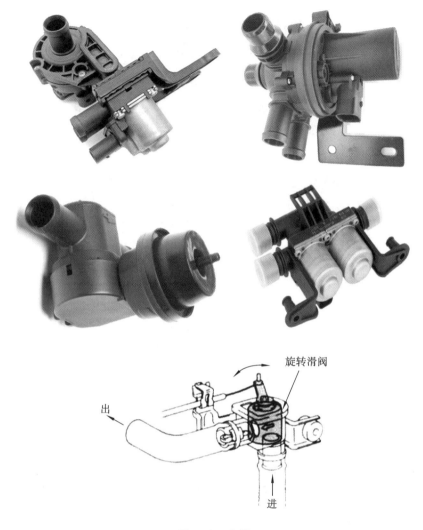

图 11-8 水阀

三、制冷系统

制冷系统的作用是将车内的热量通过制冷剂在循环系统中循环转移到车外,实现车内降温,如图 11-13 所示。制冷系统主要包括制冷循环系统和控制系统等部分。目前各种车辆的制冷循环系统无多大区别,而控制系统在各车型中差别较大。

1. 制冷循环原理

目前汽车上采用的制冷循环系统大致可以分为膨胀阀式制冷循环系统和膨胀管式制冷循环系统。

(1) 膨胀阀式制冷循环系统。

图 11-14 所示的是膨胀阀式制冷循环系统,其主要包括压缩机、冷凝器、储液干燥罐、膨

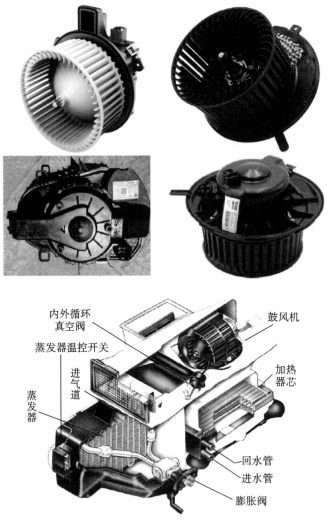

图 11-9 鼓风机

胀阀、蒸发器和管路等主要部件。

这种制冷循环系统的工作原理是：压缩机提高气体制冷剂的压力（同时也提高了温度），目的是使制冷剂比较容易液化放热。高压的气体制冷剂进入冷凝器，冷凝器风扇使空气通过冷凝器的缝隙带走制冷剂放出的热量并使其液化。液化后的制冷剂进入储液干燥罐，滤掉其中的杂质、水分，同时存储适量的液态制冷剂以使制冷负荷发生变化时制冷剂不会断流，从储液干燥罐出来的制冷剂流至膨胀阀，并从膨胀阀中的节流孔喷出形成雾状制冷剂，雾状制冷剂进入蒸发器，由于制冷剂的压力急剧下降，便很快蒸发汽化，吸收热量，蒸发器外部的风扇使空气不断通过蒸发器的缝隙，其温度下降，使车内温度降低，从蒸发器出来的气态制冷剂再进入压缩机重复上述过程。这种循环系统中的膨胀阀可以根据制冷负荷的大小调节制冷剂的流量。

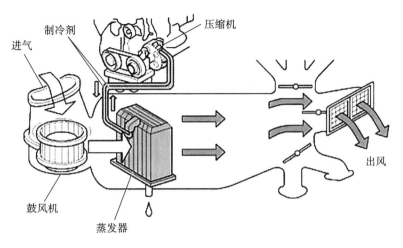

图 11-10　空气混合型取暖系统

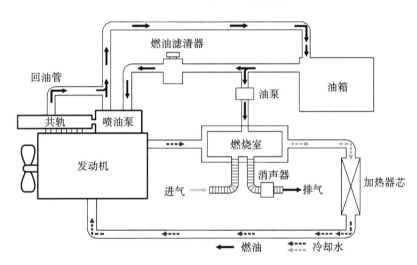

图 11-11　燃气取暖系统示意图

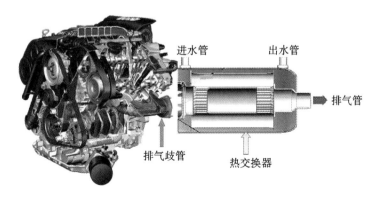

图 11-12　废气余热式水暖系统

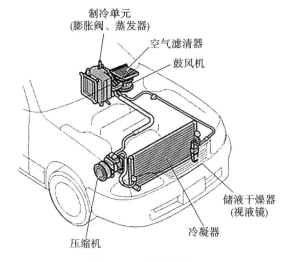

图 11-13 制冷系统

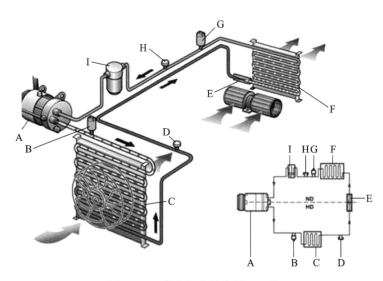

图 11-14 膨胀阀式制冷循环系统

（2）膨胀管式制冷循环系统。

膨胀管式制冷循环系统与膨胀阀式制冷循环系统从制冷的工作原理来看无本质的差别，只不过其将可调节流量的膨胀阀换成了不可调节流量的膨胀管，这样其结构更加简单。为了防止液态制冷剂进入压缩机而造成压缩机的损坏，这种循环系统将储液干燥罐安装在蒸发器的出口，并按照它所起的作用更名为集液器，同时进行气液分离，让液体留在罐内，让气体进入压缩机，其他部分的工作过程与膨胀阀式制冷循环系统的相同。

2．制冷循环系统的组成部件

制冷循环系统中部分部件在车上的安装位置如图 11-13 所示，下面对主要组成部分予以介绍。

(1) 压缩机。

压缩机的作用是将从蒸发器出来的低温、低压的气态制冷剂压缩,将其转变为高温、高压的气态制冷剂,并将其送入冷凝器。

目前在汽车空调系统中所采用的压缩机有多种类型的,压缩机分不可变排量的和可变排量的两种。可变排量压缩机可根据空调系统的制冷负荷自动改变排量,使空调系统运行更加经济。

空调压缩机按内部工作方式的不同,一般分为往复式的和旋转式的。

比较常见的有旋转斜盘式压缩机、摇板(斜板)式压缩机、旋转叶片式压缩机、涡旋式压缩机、曲轴连杆式压缩机等。

①旋转斜盘式压缩机。

旋转斜盘式压缩机的结构如图 11-15 所示,这种压缩机通常在机体圆周方向上布置有 6 个或 10 个气缸,每个气缸中安装一个双向活塞形成 6 缸机或 10 缸机,每个气缸两头都有进气阀和排气阀。活塞由斜盘驱动在气缸中往复运动,活塞的一侧压缩时,另一侧则为进气。

②摇板(斜板)式压缩机。

这种压缩机是一种可变排量的压缩机,其结构如图 11-16 所示,它的结构与旋转斜盘式压缩机的类似,通过斜盘驱动周向分布的活塞,只是将双向活塞变为单向活塞,并可通过改变斜盘的角度改变活塞的行程,从而改变压缩机的排量。压缩机旋转时,压缩机轴驱动与其连接的凸缘盘,凸缘盘上的导向销钉再带动斜盘转动,斜盘最后驱动活塞往复运动。

③旋转叶片式压缩机。

旋转叶片式压缩机的气缸形状有圆形和椭圆形两种。如图 11-17 所示,在圆形气缸中,转子的主轴与气缸的圆心有一个偏心距,使转子紧贴在气缸内表面的吸、排气孔之间。在椭圆形气缸中,转子的主轴与椭圆中心重合。如图 11-18 所示,转子上的叶片将气缸分成几个空间,当主轴带动转子旋转一周时,这些空间的容积不断发生变化,制冷剂蒸气在这些空间内也发生体积和温度上的变化。旋转叶片式压缩机没有吸气阀,因为叶片能完成吸入和压缩制冷剂的任务。如果有 2 个叶片,则主轴旋转一周有 2 次排气过程。叶片越多,压缩机的排气波动就越小。旋转叶片式压缩机行程距离短,平衡性好,低速时动力不足,高速时耗费马力高。

④涡旋式压缩机。

涡旋式压缩称为第 4 代压缩机。涡旋式压缩机主要分为动静式和双公转式两种。目前动静式应用得最为普遍。如图 11-19 所示,它主要由动涡轮与静涡轮组成,动、静涡轮的结构十分相似,都由端板和由端板上伸出的渐开线形涡旋齿组成,两者偏心配置且相差 180°,静涡轮静止不动,而动涡轮在专门的防转机构的约束下,由曲柄轴带动,作偏心回转平动,即无自转,只有公转。

涡旋式压缩机具有很多优点,例如体积小、重量轻。如图 11-20 所示,驱动运动涡旋盘运动的偏心轴可以高速旋转。因为没有了吸气阀和排气阀,涡旋式压缩机运转可靠,而且容易实现变转速运动和可变排量技术。多个压缩腔同时工作,相邻压缩腔之间的气体压差小,气体泄漏量少,容积效率高。涡旋式压缩机以其结构紧凑、高效节能、微振低噪,以及工作可靠等优点,在小型制冷领域获得越来越广泛的应用,也因此成为压缩机技术发展的主要方向之

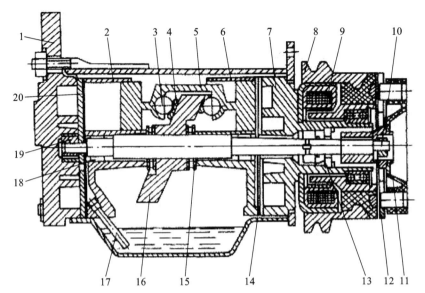

1、7—气缸盖;2、6—气缸;3—钢珠;4—球支承座;5—活塞;8—带轮;9—电磁离合器线圈;10—主轴;11—电磁离合器;12—套筒;13—轴封;14、20—阀板;15、18—轴承;16—斜盘;17—吸油管;19—油泵

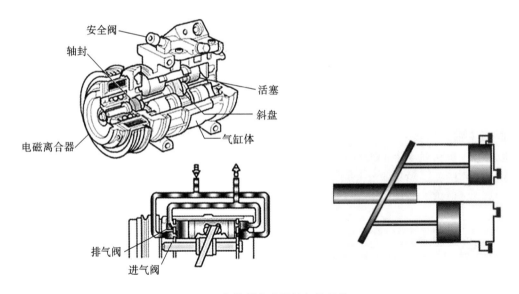

图 11-15 旋转斜盘式压缩机的结构

一。涡旋式压缩机配件数量少,体积小,重量轻,效率高,稳定,但制造成本高。

⑤曲轴连杆式压缩机。

曲轴连杆式压缩机的结构与发动机的相似,曲轴、连杆驱动活塞往复运动,一般采用双缸结构,每缸上方装有进排气阀片,压缩机的具体结构如图 11-21 所示。

(2)冷凝器。

冷凝器的作用是将压缩机送来的高温、高压的气态制冷剂转变为液态制冷剂,制冷剂在冷凝器中散热而发生状态的改变。因此,冷凝器是一个热交换器,制冷剂在车内吸收的热量

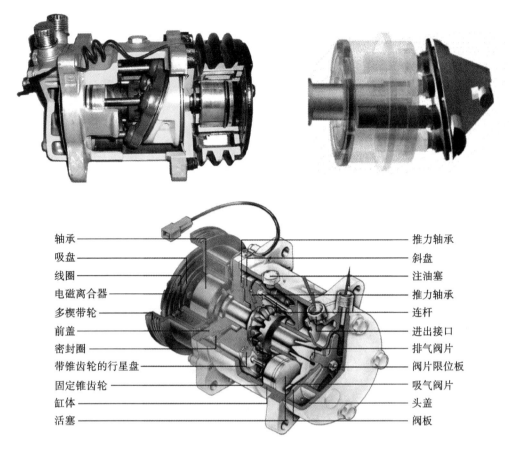

图 11-16 摇板式压缩机的结构

通过冷凝器散发到大气当中。

小型汽车的冷凝器通常安装在汽车的前面(一般安装在散热器前),通过风扇进行冷却(冷凝器风扇一般与散热器风扇共用,也有车型采用专用的冷凝器风扇)。

冷凝器的结构如图 11-22 所示,其主要由管路和散热片组成,有一个制冷剂进口和一个出口。

(3) 储液干燥器和集液器。

①储液干燥器(罐)。储液干燥器用于膨胀阀式制冷循环系统,其作用如下。

暂时存储制冷剂,使制冷剂的流量与制冷负荷相适应。

去除制冷剂中的水分和杂质,确保系统正常运行。如果系统中有水分,水分有可能在系统中结冰,堵塞制冷剂的循环通道,造成故障。如果制冷剂中有杂质,可能造成系统堵塞,使系统不能制冷。

部分储液干燥罐上装有观察玻璃,可通过观察玻璃观察制冷剂的流动情况,确定制冷剂的数量。

有些储液干燥罐上装有易熔塞,在系统压力、温度过高时,易熔塞熔化,放出制冷剂,保护系统重要部件不被破坏。

还有些储液干燥罐上安装有维修阀,供维修制冷系统安装压力表和加注制冷剂之用。

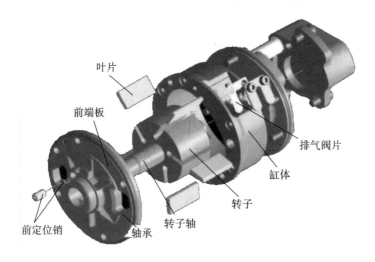

图 11-17 旋转叶片式压缩机的结构

有些车型的储液干燥罐上装有压力开关,可在系统压力不正常时,中止压缩机的工作。

储液干燥器的结构如图 11-23 所示,储液干燥器内有滤网和干燥剂,上方有观察窗及进口和出口。

②集液器。集液器用于膨胀管式制冷循环系统,安装在蒸发器出口处的管路中。由于膨胀管无法调节制冷剂的流量,因此从蒸发器出来的制冷剂不一定全部是气体,可能有部分液体。为防止压缩机损坏,故在蒸发器出口处安装集液器,一方面将制冷剂进行气液分离,另一方面起到与储液干燥器相同的作用,其结构如图 11-24 所示。

制冷剂进入集液器后,液体部分沉在集液器底部,气体部分从上面的管路出去进入压缩机。

(4)膨胀阀和膨胀管。

①膨胀阀。膨胀阀安装在蒸发器的入口处,其作用是将从储液干燥器送来的高温、高压

图 11-18　旋转叶片式压缩机工作原理图

图 11-19　涡旋式压缩机拆解实物图

的液态制冷剂由小孔喷出,使液态制冷剂降压,体积膨胀,转化为雾状制冷剂,之后在蒸发器中吸热变为气态制冷剂,同时还可根据制冷负荷的大小调节制冷剂的流量,确保蒸发器出口处的制冷剂全部转化为气体。

膨胀阀分为外平衡式膨胀阀、内平衡式膨胀阀和 H 型膨胀阀。

(a)外平衡式膨胀阀。外平衡式膨胀阀的结构见图 11-25,膨胀阀的入口接储液干燥器,出口接蒸发器。膨胀阀的上部有一个膜片,膜片上方通过一条细管接一个感温包,感温包安装在蒸发器出口的管路上,内部充满制冷剂气体,蒸发器出口处的温度发生变化时,感温包内的气体体积也会发生变化,进而产生压力变化,这个压力变化就作用在膜片的上方。膜片下方的腔室还有一根平衡管通向蒸发器出口。阀的中部有一阀门,阀门用于控制制冷剂的流量,阀门的下方有一调整弹簧,弹簧通过阀门上方的杆作用在膜片的下方。可以看出,膜

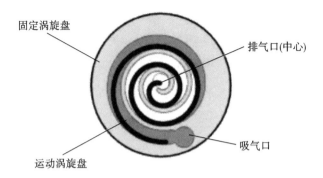

图 11-20　涡旋式压缩机工作原理图

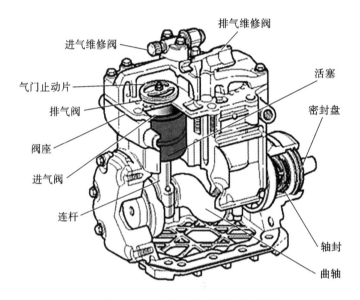

图 11-21　曲轴连杆式压缩机的结构

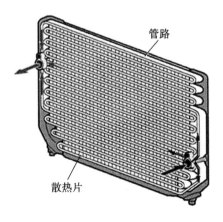

图 11-22　冷凝器

11 暖风-空调系统各部件的组成、结构和作用

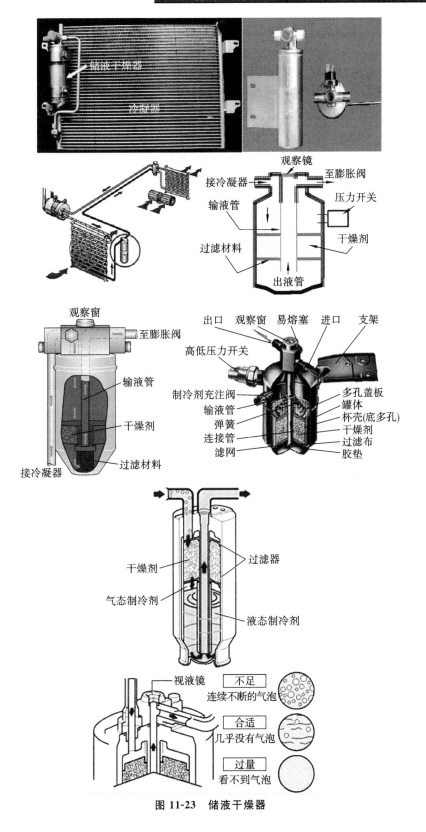

图 11-23 储液干燥器

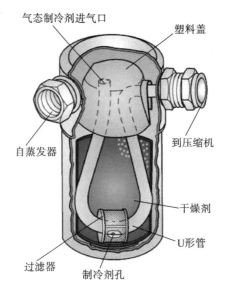

图 11-24 集液器

片共受到三个力的作用,一个是感温包中制冷剂气体向下的压力,一个是弹簧向上的推力,还有一个是蒸发器出口制冷剂的压力(其作用在膜片的下方),阀的开度取决于这三个力综合作用的结果。

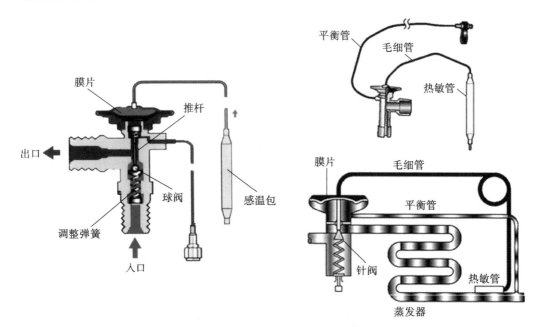

图 11-25 外平衡式膨胀阀

当制冷负荷发生变化时,膨胀阀可根据制冷负荷的变化自动调节制冷剂的流量,确保蒸发器出口处的制冷剂全部转化为气体并有一定的过热度。当制冷负荷减小时,蒸发器出口处的温度就会降低,感温包的温度也会降低,其中的制冷剂气体便会收缩,使膨胀阀膜片上方的压力减小,阀门就会在弹簧和膜片下方气体压力的作用下向上移动,使阀门的开度减小,从而减小制冷剂的流量。反之,制冷负荷增大时,阀门的开度会增大,制冷剂的流量增加。当制冷负荷与制冷剂的流量相适应时,阀门的开度保持不变,维持一定的制冷强度。

(b)内平衡式膨胀阀。内平衡式膨胀阀的结构与外平衡式膨胀阀的结构大同小异,如图 11-26 所示,不同之处在于内平衡式膨胀阀没有平衡管,膜片下方的气体压力直接来自蒸发器的入口。内平衡式膨胀阀的工作过程与外平衡式膨胀阀的工作过程完全相同。

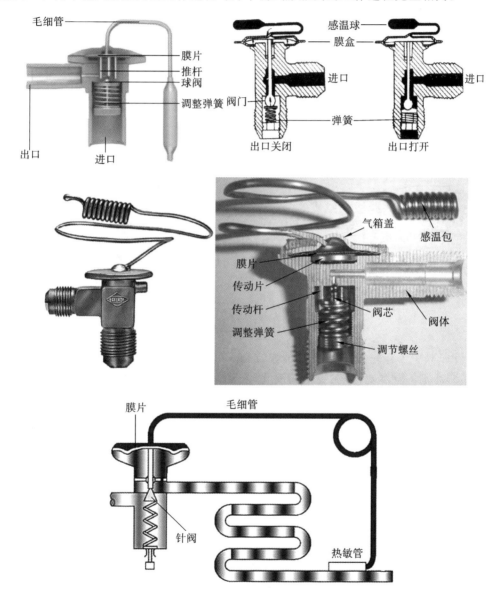

图 11-26 内平衡式膨胀阀

(c)H 型膨胀阀。采用内、外平衡式膨胀阀的制冷系统,其蒸发器的出口和入口不在一起,因此需要在出口处安装感温包和管路,结构比较复杂。如果将蒸发器的出口和入口做在一起,就可以将感温包的管路去掉,这就形成了所谓的 H 型膨胀阀,如图 11-27 所示。

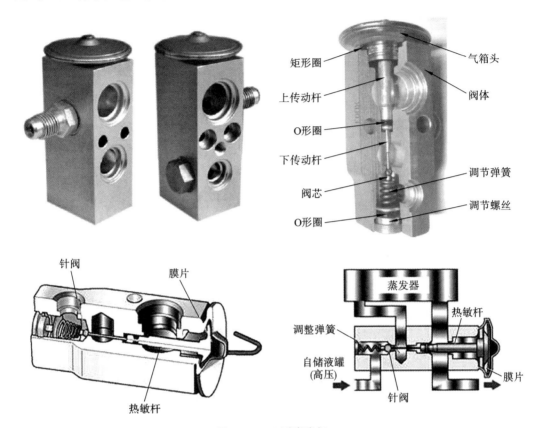

图 11-27 H 型膨胀阀

H 型膨胀阀中也有一个膜片,膜片的左方有一个热敏杆,热敏杆的周围是蒸发器出口处的制冷剂,制冷剂的温度变化(制冷负荷变化)可通过热敏杆使膜片右方的气体的压力发生变化,从而使阀门的开度变化,调节制冷剂的流量以适应制冷负荷的变化。H 型膨胀阀具有结构简单、工作可靠的特点,现在应用得越来越广。

②膨胀管。膨胀管的作用与膨胀阀的作用基本相同,只是将调节制冷剂流量的功能取消了,其结构如图 11-28 所示。膨胀管的节流孔径是固定的,入口和出口处都有滤网。节流管没有运动部件,其具有结构简单、成本低、可靠性高、节能的优点。

(5)蒸发器。

蒸发器也是一个热交换器,膨胀阀喷出的雾状制冷剂在蒸发器中蒸发,吸收通过蒸发器的空气中的热量,使其降温,达到制冷的目的,在降温的同时,溶解在空气中的水分也会由于温度降低凝结出来,蒸发器还要将凝结的水分排出车外。蒸发器安装在驾驶室仪表台的后面,其结构如图 11-29 所示,其主要由管路和散热片组成,在蒸发器的下方还有接水盘和排水管。

空调制冷系统工作时,鼓风机的风扇将空气吹过蒸发器,空气和蒸发器内的制冷剂进行热交换,制冷剂汽化,空气降温,同时空气中的水分凝结在蒸发器的散热片上,并通过接水盘和排水管排出车外。

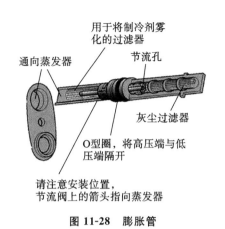

图 11-28 膨胀管

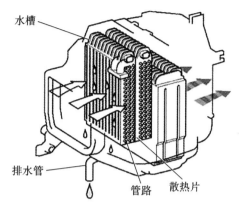

图 11-29 蒸发器

（6）空调控制面板。

空调的调节系统有手动调节和自动调节之分，现就手动调节说明空调调节系统的工作情况。手动调节包括温度调节、出风口位置调节、鼓风机风速调节和空气的内外循环调节等。调节是通过空调控制面板上的拨杆或旋钮进行的，空调控制面板如图11-30所示。

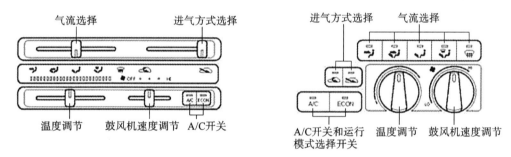

图 11-30 空调控制面板

空调控制面板上有温度调节、气流选择、鼓风机速度调节、进气方式选择（内外循环选择）、空调（A/C）开关和运行模式选择开关等。其中，温度调节、气流选择、进气方式选择是通过气道中的调节风门实现的（见图11-31），空调开关和运行模式选择开关、鼓风机速度调节是通过电路控制实现的。调节风门的控制方式有拉线式和电动式，如图11-32所示。

①温度调节：目前，小车的空调系统的冷气和暖风基本上都采用一个鼓风机，温度调节采用冷暖风混合的方式，在空气的进气道中，所有的空气都通过蒸发器用一个调节风门控制通过加热器芯的空气量，通过加热器芯的空气和未通过加热器芯的空气混合后形成不同温度的空气从出风口吹出，实现温度调节。在空调控制面板上设有温度调节拨杆或旋钮，用来改变调节风门的位置。温度调节风门的位置如图11-33至图11-35所示。

②气流选择：现代轿车空调系统分别设置了中央出风口、侧出风口、脚下出风口和（挡风玻璃）除霜出风口等不同的出风口，可以根据需要选择不同的出风口出风，这种功能通过控制面板上的气流选择拨杆或旋钮进行调节，调节的情况如图11-36至图11-40所示。

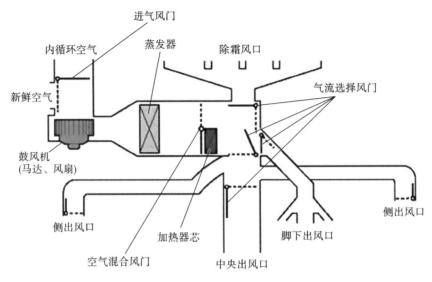

图 11-31　调节风门

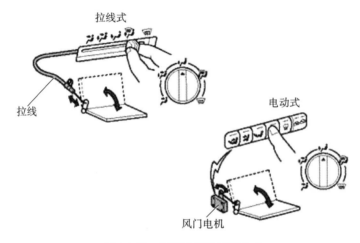

图 11-32　调节风门的控制方式

③进气方式选择：调节系统可以选择进入车内的空气是外部的新鲜空气还是车内的非新鲜空气，选择外部新鲜空气称为外循环，选择车内空气则称为内循环。这种选择可以通过控制面板上的进气方式选择按钮或拨杆来实现，如图 11-41 所示。

④鼓风机速度调节：鼓风机转速调节是通过在鼓风机电路中串入不同的电阻实现的，如图 11-42 所示，在鼓风机电路中串入 3 个电阻，通过开关控制，可实现 4 个转速挡（空调控制面板上的 LO、2、3、HI）。如果改为电子控制，则可实现无级调速。

(7) 制冷剂。

制冷剂是制冷循环当中传热的载体，通过状态变化吸收和放出热量，因此要求制冷剂在常温下很容易汽化，加压后很容易液化，同时在状态变化时要尽可能多地吸收或放出热量（较大的汽化或液化潜热）。同时制冷剂还应具备不易燃易爆、无毒、无腐蚀性、对环境无害的性质。

11 暖风-空调系统各部件的组成、结构和作用   105

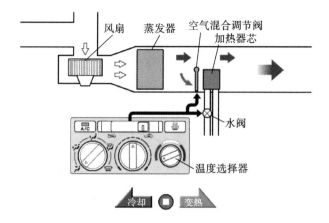

图 11-33　温度调节风门在冷却的位置

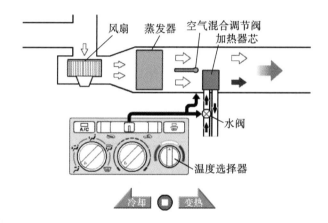

图 11-34　温度调节风门在中间的位置

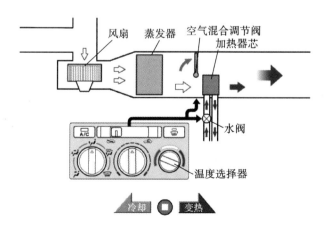

图 11-35　温度调节风门在变热的位置

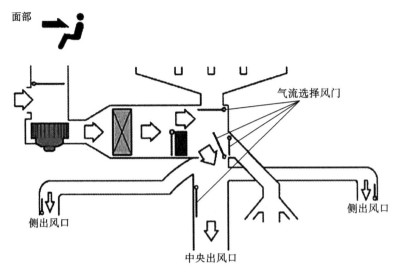

图 11-36　面部出风位置

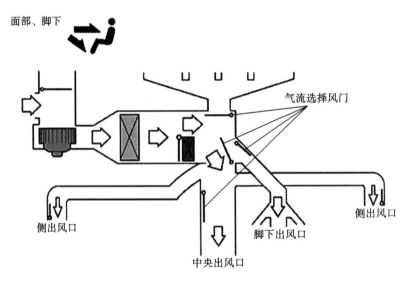

图 11-37　面部和脚下出风位置

制冷剂的英文名称为 refrigerant,常用第一个字母 R 来代表制冷剂,后面加字母和数字表示制冷剂名称,如 R12、R22、R134a 等。R134a 在大气压下的沸点为 $-26.9\ ℃$,在 98 kPa 压力下的沸点为 $-10.6\ ℃$(见图 11-43)。如果在常温常压的情况下将其释放,R134a 便会立即吸收热量开始沸腾并转化为气体,对 R134a 加压后,它也很容易转化为液体。R134a 的特性见图 11-44。该曲线上方为气态,下方为液态,如果要使 R134a 从气态转变为液态,可以降低温度,也可以提高压力,反之亦然。

(8) 冷冻润滑油(压缩机油)。

在空调制冷系统中有相对运动的部件,需要对其润滑。由于制冷系统中的工作条件比较特殊,所以需要专门的润滑油——冷冻润滑油。冷冻润滑油除了起到润滑作用以外,还可

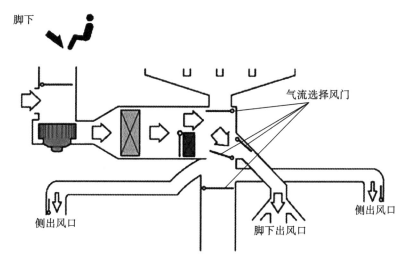

图 11-38　脚下出风位置

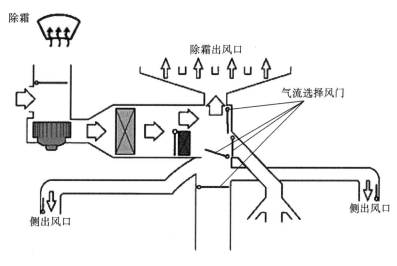

图 11-39　除霜位置

以起到冷却、密封和降低机械噪音的作用。用在制冷系统中的润滑油还有一个特殊的要求，就是要与制冷剂相溶，其随着制冷剂一起循环。因此，一定要注意正确选用冷冻润滑油，切不可乱用，否则将造成严重后果。

四、通风系统和空气净化系统

1. 通风系统

通风系统的作用是将车外的新鲜空气引入车内，将车内的污浊空气排出车外，同时通风系统还具有风窗除霜的作用。通风系统可使车内的空气保持新鲜，提高车辆的舒适性。

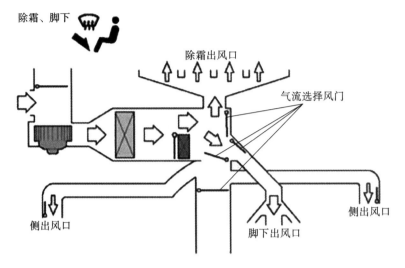

图 11-40　除霜和脚下位置

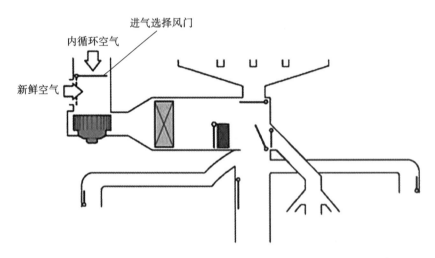

图 11-41　空气进气选择风门

（1）进气通风。

目前汽车的通风方式有两种：一种是利用汽车行驶中产生的动压进行通风；另一种是利用车上的鼓风机进行强制通风。

①动压通风是利用汽车行驶时在各个部位所产生的不同压力进行通风的，汽车在行驶时的压力分布如图 11-45 所示。在考虑通风时，只要将进风口设在正压区，将排风口设在负压区即可。这种通风方式不需要另加动力，比较经济，但在汽车行驶速度较低时，通风效果较差。

②强制通风利用鼓风机进行通风，在进风口安装一台鼓风机将车外的空气吸入车内，将车内的空气从排风口排出，如图 11-46 所示。这种通风方式不受车速的限制，通风效果较好，目前汽车通常利用空调系统的鼓风机进行强制通风。

如果将上述两种通风方式结合起来，就形成了综合通风方式，汽车在低速行驶时采用强

11 暖风-空调系统各部件的组成、结构和作用 | 109

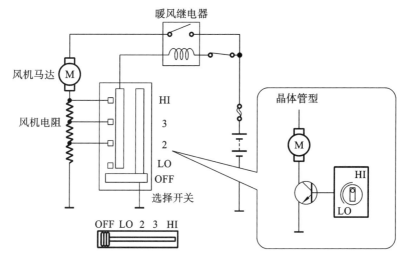

图 11-42 鼓风机转速的调节

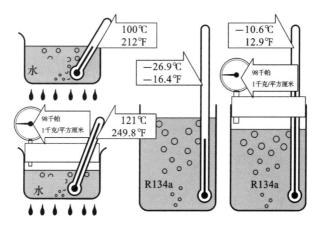

图 11-43 R134a 在不同压力下的沸点

制通风,在高速行驶时采用动压通风,这样就保证了汽车在各种工况下都能保持良好的通风效果,同时也降低了能耗。目前,小型汽车基本上都采用综合通风的方式。

(2) 出风。

仪表板外出风管是安装在仪表板上的汽车空调出风管,它能在空调内部运行时保证输送设计流量,保证空调的稳定运行。对它的密封性要求很高,如果密封条件不好,容易导致汽车空调出风管在向内部输送气体时漏风,使空调运行失去稳定。

风道类零件一般采用吹塑或注塑工艺制成,吹塑零件主要采用 PE 材料,而注塑零件采用 PP 材料,并以一定比例的滑石粉作为填充物,如 PP-TD20。

从空调系统性能要求而言,空调出风口的面积大小、布置、型式会直接影响空调出风口气流速度、方向、流动组织、气流噪音等。空调出风口作为空调通风系统的终端,对气流组织有着至关重要的作用。空调系统对出风口的要求:通常在车厢降温时使用,主要用于将适当风速、适当温度的气流吹到乘客脸部区域,以满足乘客对温度、气流流动的要求,可通过调节

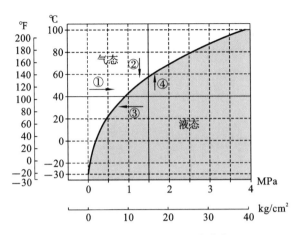

图 11-44　R134a 温度-压力曲线

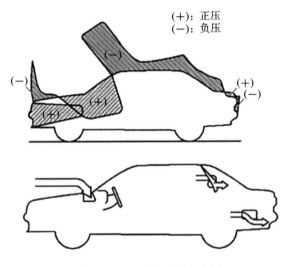

图 11-45　压力分布动压通风

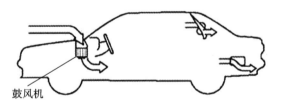

图 11-46　强制通风

出风口叶片方向,将气流吹到胸部、膝部区域,或将气流避开乘客身体部位。同时,为了使车内安静,要求风速要合适,风速过大会造成噪音过大。最大风速一般要求在 7.5～10.5 m/s 范围内。

不同汽车出风口的数量及位置不同。一般地,普通带两排座位的装有空调系统的车,都配有前排吹面出风口、前排吹脚出风口、前吹窗出风口和侧吹窗出风口。为了照顾后排乘客的舒适性,一些档次较高的车,往往会增配后排吹面出风口和后排吹脚出风口;一些三排座位的旅行车或更多排座位的大型车,往往还需增配第三排出风口或更多的出风口。

风道零件一般根据空间布置来确定走向及截面形状。风道可分为除霜风道、通风(吹面)风道、吹脚风道。其中,除霜风道又分为前除霜风道、侧除霜风道;通风(吹面)风道又分为左、右、中左、中右、后通风(吹面)风道;吹脚风道一般又分为前左、前右、后左、后右吹脚风道。风道走向应尽量避免过大的转角,这样会增加风阻;在风道内部尽量不要有尖角或突出物,这样容易产生蜗旋气流,并有可能产生噪音;风道截面大小应尽量做到均匀;总之,得到的风道的风阻要小。

2. 空气净化系统

空气净化系统可以除去车内空气中的灰尘,保持车内空气清洁,部分车辆的空气净化系统还具备去除异味、杀灭细菌的作用,一些高级轿车上的空气净化系统还装备了负氧离子发生器,使车内的空气更加清新。目前大多数车辆的空气净化系统所采用的方法是在空调系统的进气系统中安装空气滤清器,如图 11-47 所示,通过滤清器滤除空气中的尘埃,使车内的空气保持清洁。

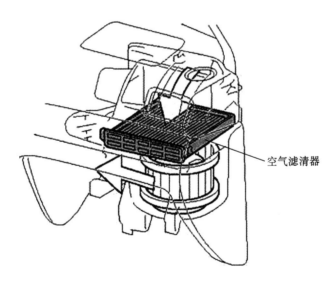

图 11-47 空调进气系统中的空气滤清器

空气滤清器采用高效吸附材料——活性炭与长丝无纺布复合的活性炭复合滤布,其结构紧凑,能有效过滤花粉、尘埃、有害气体和各种异味。滤清器能高效过滤颗粒杂质,在达到滤油、净化空气效果的同时,还能很好地去除 TVOC(有机气态物质)、苯、酚、甲醛、二甲苯、苯乙烯等有机物。

还有些车辆在净化系统中设有香烟传感器,当传感器检测到车内存在烟气时,便通过放大器自动使鼓风机以高速挡运转,排出车内的烟气。这种净化系统如图 11-48 所示。

高档车辆的空气净化系统中还有杀菌灯和离子发生器,如图 11-49 所示。

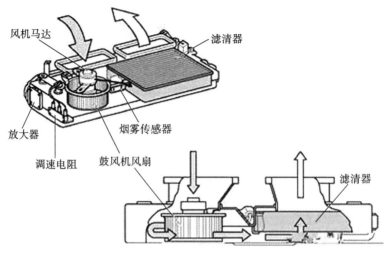

图 11-48 空气净化装置

五、空调控制系统

空调控制系统的功能是保证制冷系统正常运转,同时保证系统工作时发动机的正常运转。空调控制系统主要通过控制压缩机电磁离合器的结合与分离实现温度控制与系统保护,通过对鼓风机的转速进行控制来调节制冷负荷。

1. 电磁离合器

电磁离合器安装在压缩机上,其作用是控制发动机与压缩机的动力传递,制冷系统工作时,其使发动机能驱动压缩机运转,制冷系统停止运行时,其切断发动机到压缩机的动力传递。

电磁离合器的结构如图 11-50 所示,主要包括压力板、皮带轮和定子等主要部件,压力板与压缩机轴相连,皮带轮通过轴承安装在压缩机的壳体上,皮带轮通过皮带由发动机驱动,定子线圈安装在压缩机的壳体上。

当接通空调开关使制冷系统进入工作状态时,电磁离合器的定子线圈通电,线圈通电后产生磁力,将压力板吸向皮带轮,使两者结合在一起,发动机的动力便通过皮带轮传递到压力板,带动压缩机运转,如图 11-51 所示。

当制冷系统停止工作时,电磁离合器的定子线圈断电,磁力消失,压力板与皮带轮分离,此时皮带轮通过轴承在压缩机的壳体上空转,压缩机停止运转,如图 11-52 所示。

2. 蒸发器的温度控制

蒸发器温度控制的目的是防止蒸发器结霜。如果蒸发器的温度低于 0 ℃,凝结在蒸发器表面的水分就会结霜或结冰,严重时将会堵塞蒸发器的空气通路,导致系统制冷效果大大降低,为了避免这种情况的发生,就必须控制蒸发器的温度在 0 ℃以上。控制蒸发器温度的方法通常有两种,一种是用蒸发压力调节器控制蒸发器的压力来控制蒸发器的温度,另一种是利用温度开关或热敏电阻控制压缩机的运转来控制蒸发器的温度。

11 暖风-空调系统各部件的组成、结构和作用

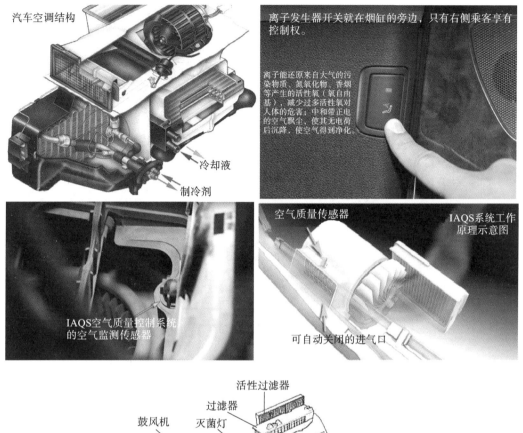

图 11-49 有杀菌灯和离子发生器的空气净化系统

（1）蒸发压力调节器。

根据制冷剂的特性，只要制冷剂的压力高于某一数值，其温度就不会低于 0 ℃（对于 R134a，此压力大约为 0.18 MPa），因此只要将蒸发器出口处的压力控制在一定的数值，就可以防止蒸发器表面结霜或结冰。蒸发压力调节器可以根据制冷负荷的大小调节蒸发器出口处的压力，确保制冷剂不低于 0 ℃。

蒸发压力调节器安装在蒸发器出口到压缩机入口的管路中，如图 11-53 所示，其主要由金属波纹管、活塞、弹簧等组成，在管路中形成了一个可调节制冷剂流量的阀门。当制冷负

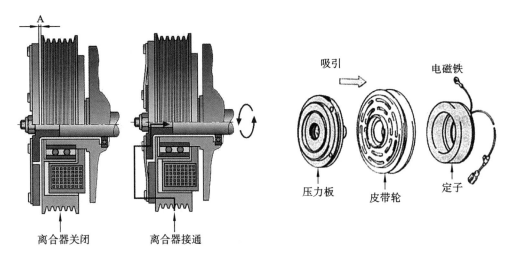

图 11-50　电磁离合器的结构

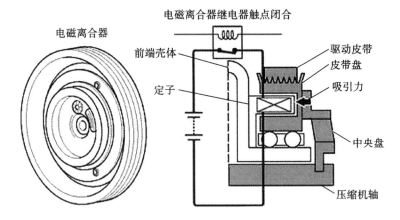

图 11-51　电磁离合器的结合状态

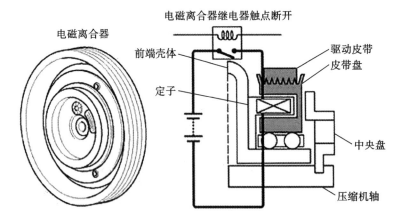

图 11-52　电磁离合器的分离状态

荷减小时,蒸发器出口处制冷剂的压力就会降低,作用在活塞上向左的力 P_e 减小,小于金属波纹管内弹簧向右的力 P_s,使活塞向左移动,阀门开度减小,制冷剂的流量也随之减小,蒸发器出口处的压力升高。反之,制冷负荷增大时,活塞可向右移动,阀门开度增大,制冷剂的流量增加,适应制冷负荷增大的需要。

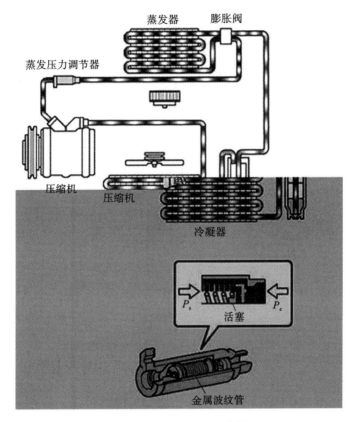

图 11-53　蒸发压力调节器

（2）蒸发器温度控制电路。

目前蒸发器的温度控制电路有两种形式。

一种是用温度开关(恒温器)直接控制压缩机电磁离合器,蒸发器温度开关安装在蒸发器的中央,当蒸发器表面温度低于某一设定值时,温度开关切断压缩机电磁离合器电路,使压缩机停止工作,防止蒸发器结冰,如图 11-54 所示。

另一种是将热敏电阻安装在蒸发器的表面,当蒸发器表面的温度低于某一设定值时,热敏电阻的阻值发生变化,并给空调 ECU 低温信号,空调 ECU 控制继电器切断压缩机电磁离合器电路,使压缩机停转,控制蒸发器温度不低于 0 ℃,如图 11-55 所示。

3. 冷凝器的风扇控制

现在有很多车辆的冷却系统用风扇进行冷却,同时空调制冷系统的冷凝器也采用同一风扇进行冷却。当冷却液温度较低时,风扇不工作,当冷却液温度升高到某一规定值时,风扇以低速运转,如果温度进一步升高到另一个设定值,风扇则以高速运转。当制冷系统开始

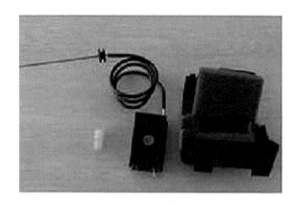
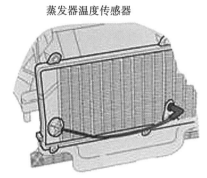

图 11-54 蒸发器温度开关

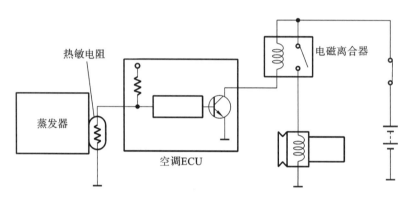

图 11-55 带有热敏电阻的蒸发器温度控制电路

工作时,不管冷却液温度高低,风扇都运转,当制冷系统压力高过一定值时,风扇以高速运转。

风扇转速的控制方式有两种,一种是用一个风扇串联电阻,另一种是将两个风扇串联或并联。

图 11-56 所示的为一冷凝器风扇和散热器风扇控制电路,用压力开关、冷却液温度开关和三个继电器控制冷凝器风扇和散热器风扇的转速。此电路可以实现风扇不转、低速运转、高速运转三级控制。

4. 制冷循环的压力控制

(1) 压力控制功能。

空调制冷循环系统中如果出现压力异常,将会造成系统损坏。如果系统压力过低,说明制冷剂量过少,这种情况将使润滑油不能随制冷剂一起循环,使压缩机缺油而损坏。如果制冷剂量过大或冷凝器冷却不良造成系统压力过高,有可能造成系统部件损坏。因此,在空调制冷系统工作时,必须对系统压力进行监测,防止出现上述两种情况。

常采用的方法是在系统的高压管路中安装压力开关,压力开关有低压开关和高压开关之分,低压开关安装在制冷循环系统中的高压管路中,用于监测制冷循环系统中高压管路压力是否过低,如果压力低于规定值,低压开关将切断压缩机的电路使压缩机停止工作。高压开关也安装在高压管路中,用于监测高压管路中压力是否过高,如果压力过高,有两种处理

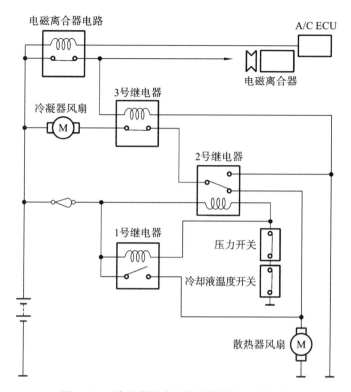

图 11-56 冷凝器风扇和散热器风扇控制电路

方法：一种是加强冷凝器的冷却强度，使压力降低；另一种是切断电磁离合器的电路，使压缩机停止运转，见图 11-57。

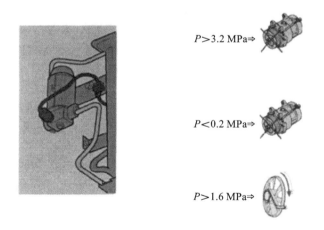

图 11-57 压力开关的功能

目前空调系统中的压力开关通常都是将低压开关和高压开关制成一体，称为组合压力开关或多功能压力开关。多数组合压力开关可实现低压切断离合器控制电路、高压接通冷凝器风扇高速挡或切断离合器控制电路的双重功能，还有部分压力开关将上述三种功能集于一身，形成三功能压力开关。通常低压切断离合器控制电路的压力约为 0.2 MPa，高压接通冷凝器风扇高速挡的压力约为 1.6 MPa,高压切断离合器控制电路的压力约为 3.2 MPa。

(2) 压力开关控制基本电路。

压力开关控制基本电路如图 11-58 所示,一般压力开关的安装位置是储液干燥罐或高压管路上。图 11-58 中的开关一般均为常闭开关,也有部分压力开关在高压时为常开开关,具体是何种形式要视车型而定。

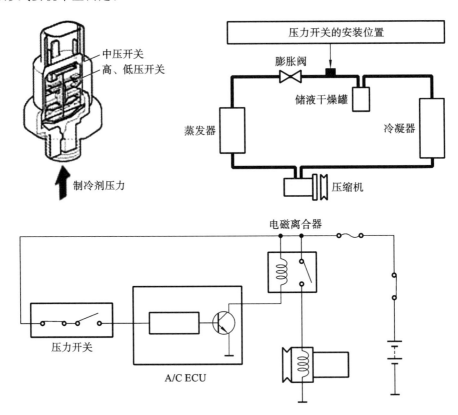

图 11-58 压力开关控制基本电路

5. 发动机的怠速提升控制

在车流量较大的道路上行驶时,汽车发动机经常处于怠速运转状态,发动机的输出功率低,如果此时开启空调的制冷系统,可能会造成发动机的过热或停机,为防止这种情况的发生,在空调的控制系统中采用了怠速提升装置,如图 11-59 所示。

当接通 A/C 开关后,发动机的电子控制单元(ECU)便可接收到空调开启的信号,控制单元便控制怠速控制阀将怠速旁通气道的通路增大,使进气量增加,提高怠速。如果是节气门直动式怠速控制机构,电子控制单元便控制电机将节气门开大,提高怠速。

6. 发动机失速控制

发动机带动空调怠速运转时,一旦有其他影响因素使发动机转速下降,将造成发动机失速熄火。为防止这种情况发生,空调控制电路中设有防止发动机失速的控制电路,空调的控制单元通过检测点火线圈的脉冲来计算发动机的转速,当发动机的转速低于一定值时,压缩机电磁离合器将切断,见图 11-60。

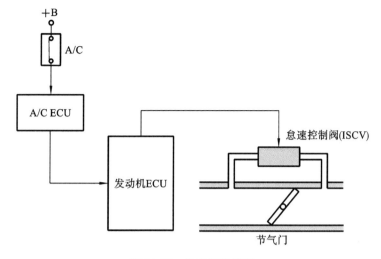

图 11-59 怠速提升控制

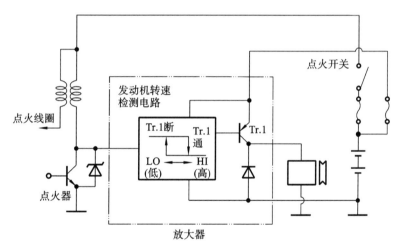

图 11-60 发动机失速控制电路

7. 其他控制

(1) 冷却液温度控制。

为防止冷却液温度过高,有些空调控制电路中设有冷却液温度开关或传感器,当冷却液的温度高过一定值(一般为 105 ℃)时,切断压缩机电磁离合器电路,使压缩机停止运转,当温度下降到某设定值(大约为 95 ℃)时,再接通电磁离合器电路,使空调重新工作。

(2) 制冷剂温度控制。

在部分旋转叶片式压缩机和旋转斜盘式压缩机上装有制冷剂温度开关,防止压缩机因温度过高而损坏。制冷剂温度开关如图 11-61 所示,当制冷剂的温度超过 180 ℃时,此开关断开,切断压缩机电磁离合器电路。

(3) 环境温度控制。

部分车辆在控制电路中设有环境温度开关,当环境温度低于规定值时,环境温度开关断

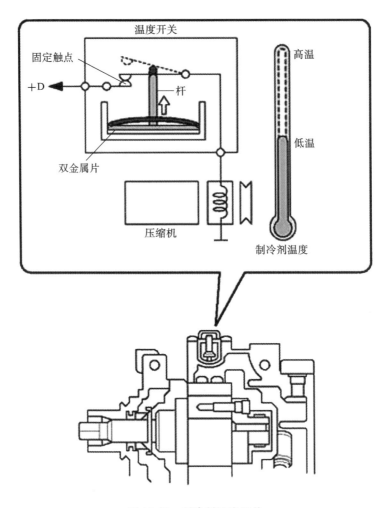

图 11-61 制冷剂温度开关

开,切断压缩机电磁离合器电路,使空调的制冷系统不能工作。当环境温度高于规定值时,制冷系统才能进入工作状态。